Gudrun Ehlert

Gender in der Sozialen Arbeit

Konzepte, Perspektiven, Basiswissen

WOCHEN
SCHAU
STUDIUM

Bibliografische Information der Deutschen Nationalbibliothek

Die Deutsche Nationalbibliothek verzeichnet diese Publikation in der Deutschen Nationalbibliografie; detaillierte bibliografische Daten sind im Internet über http://dnb.d-nb.de abrufbar.

www.wochenschau-verlag.de

Titelgestaltung: Ohl Design
Gedruckt auf chlorfreiem Papier
Gesamtherstellung: Wochenschau Verlag
ISBN 978-3-89974377-7

Inhalt

Einleitung

Soziale Probleme und Handlungskonzepte der Sozialen Arbeit sind mit gesellschaftlichen Vorstellungen von Geschlecht verknüpft. So werden beispielsweise niedrige Schulabschlüsse, Gewalt und Delinquenz mit Männlichkeit, die Vernachlässigung von kleinen Kindern mit Weiblichkeit, genauer gesagt mit versagender Mütterlichkeit, verbunden. Welche Vorstellungen und (wertenden) Zuschreibungen von Weiblichkeit und Männlichkeit die professionelle Soziale Arbeit prägen, wird selten systematisch reflektiert. Welche Unterschiede zwischen den Geschlechtern werden unterstellt? Wie werden solche Unterscheidungen fachlich und alltäglich erklärt? Im Alltagsbewusstsein gilt die Zweigeschlechtlichkeit als nicht weiter hinterfragbare Grundtatsache. Diesen fest verankerten Vorstellungen und Argumentationen über „die Natur" der Frau oder des Mannes wird mit der Frauen- und Geschlechterforschung widersprochen. Die vermeintlich natürlichen Unterschiede zwischen Frauen und Männern sind aus Sicht der Frauen- und Geschlechterforschung Ausdruck von historischen Entwicklungen und somit wandelbar. Geschlecht ist eine soziale Konstruktion, deren Bedeutung in alltäglichen Aushandlungsprozessen hergestellt wird. Diese Auffassung wird auch im deutschsprachigen Raum seit den 1980er Jahren mit dem englischen Begriff „Gender" bezeichnet.

Mittlerweile hat „Gender“ eine inflationäre Verwendung erfahren und wird häufig synonym für jeden Bezug auf Geschlecht verwendet. Gender-Kompetenz und Gender Mainstreaming – so scheint es – werden zu Zauberwörtern für eine bessere Welt. „Heute schon gegendert?“ (Stiegler 2008), diese ironische Frage signalisiert die Gefahr, die damit verbunden sein kann, wenn Begriffe und Konzepte zu programmatischen Schlagworten werden. So ist es ein Anliegen dieses Buches, zu einem differenzierten Umgang mit Begriffen aus der Frauen- und Geschlechterforschung und der Gleichstellungspolitik in der Sozialen Arbeit beizutragen.

Im ersten und zweiten Kapitel werden theoretische Grundlagen aus der Frauen- und Geschlechterforschung zur Kategorie Geschlecht erläutert, die für das Verständnis aller Kapitel zentral sind: Über was genau wird eigentlich gesprochen, wenn von „Geschlecht“ oder „Gender“ die Rede ist? Daran anschließend werden die Bedeutungen der ersten Frauenbewegung und der Frauenbewegung der 1970er Jahre für die Soziale Arbeit zusammengefasst. Diese Kapitel sollten zuerst gelesen werden, alle folgenden Beiträge können dann auch jeweils einzeln in beliebiger Reihenfolge zur Kenntnis genommen werden.

Im fünften Kapitel erfolgt eine Bestandsaufnahme von Sozialer Arbeit als Profession im Kontext von Geschlechterhierarchien und -differenzen. In den weiteren Kapiteln (Kapitel 6 bis 8) wird der Bedeutung von Geschlecht exemplarisch in drei ausgewählten und für die Soziale Arbeit zentralen gesellschaftlichen Bereichen nachgegangen: Bildung (6.), Migration (7.) und Gewalt (8.). Bildung hat in Geschichte und Gegenwart einen hohen Stellenwert für die Chancen auf Teilhabe in einer Gesellschaft. Anhand der unterschiedlichen Zugänge von Mädchen und Jungen zur Bildung sowie von Geschlechterunterschieden im Bildungssystem wird die Bedeutung der Dimensionen von Geschlecht in den aktuellen Bildungsdebatten zusammengefasst. Migration und die Konstruktion und Wahrnehmung von kulturellen, ethnischen oder religiösen Differenzen ist auch mit Geschlecht verbunden. Eine Auseinandersetzung mit Gewalt in Geschlechterbeziehungen, mit Gewalt und Geschlecht in sozialen Einrichtungen, in der Arbeit mit Fußballfans oder im Rechtsextremismus ist für Soziale Arbeit unabdingbar. Erklärungen für Gewalthandeln sind notwendig auf die verschiedenen Dimensionen der Kategorie Geschlecht verwiesen. In diesen Kapiteln geht es also um die Rahmenbedingungen, um die Strukturen sozialer Ungleichheit, um Prozesse der Konstruktion von Geschlecht und anderen Differenzkategorien. Der Fokus richtet sich auf Geschlecht in der Wahrnehmung der Ursachen und der Bearbeitung von Sozialen Problemen anhand der vier ausgewählten Bereiche.

Die Auseinandersetzung mit geschlechterbewusster Sozialer Arbeit (9.), Gleichstellungspolitik und Gender Mainstreaming (10.) sowie ein abschließender Ausblick, in dem die verschiedenen Lesarten von Geschlechterwissen und den Dimensionen der Kategorie Geschlecht beschrieben werden, zielen auf die Verankerung von Geschlechterperspektiven in der Sozialen Arbeit (11.). In der Frauen- und Geschlechterforschung und in der Sozialen Arbeit wird, wie in allen sozial- und geisteswissenschaftlichen Disziplinen, so viel publiziert, dass es bereits nicht mehr überschaubar ist. In diesem Buch wird auf eine Fülle von Quellen zurückgegriffen, was sich in einem sehr umfangreichen Literaturverzeichnis niederschlägt, welches gleichwohl nur einen Ausschnitt von Publikationen abbildet. Nach jedem Kapitel erfolgen ausgewählte Literaturhinweise als Anregungen zum Vertiefen und eigenen Weiterrecherchieren.

1

1. Frauenbewegungen und die Entwicklung der Frauen- und Geschlechterforschung

Soziale Bewegungen – die Arbeiter-, Jugend- und Frauenbewegungen – haben einen großen Einfluss auf die Entwicklung der Sozialen Arbeit gehabt. Diese Aussage gilt ganz besonders für die erste und zweite Frauenbewegung in Deutschland und deren Bedeutung für die Professionalisierung sowie die Wissenschafts- und Methodenentwicklung der Sozialen Arbeit. Die Frauenforschung in Westdeutschland entwickelt sich im Rahmen der neuen oder zweiten Frauenbewegung zu Beginn der 1970er Jahre. Die Bezeichnung „zweite" Frauenbewegung verweist auf die Geschichte, so gab es in Deutschland bereits eine erste Frauenbewegung von Mitte des 19. bis zu Beginn des 20. Jahrhunderts. Konkret lässt sich das Ende der ersten Frauenbewegung 1933 verorten. Nach der Machtübernahme der Nationalsozialisten löste sich der Bund deutscher Frauenvereine von sich aus auf, andere Frauenorganisationen unterstellten sich den unter nationalsozialistischer Leitung stehenden Organisationen: dem Deutschen Frauenwerk und der NS-Frauenschaft.

Das heute über Geschlechterfragen öffentlich debattiert wird, steht also mit den Erfolgen von Frauenbewegungen und mit deren Engagement und Kämpfen für die Überwindung der Benachteiligung von Frauen in engem Zusammenhang. Die Anfänge der Neuen Frauenbewegung in der BRD in den Jahren 1967/1968 gehen auf die Studentenbewegung zurück. Im Sozialistischen Deutschen Studentenbund (SDS), einer der zentralen Organisationen der Studentenbewegung, stellten die Studentinnen fest, dass ihre männlichen Kommilitonen zu Demonstrationen und Vorträgen gingen, diskutierten oder Flugblätter entwarfen und den Frauen dabei die ausführenden Arbeiten zuwiesen: „Sie hatten nur einen abgeleiteten Status als Frau oder Freundin eines SDS-Mannes. Als den Studentinnen dies bewusst wurde, fingen sie an sich dagegen zu wehren und bildeten eigene Gruppen“ (Nave-Herz 1989, 66).

In der Neuen Frauenbewegung trafen sich Frauen mit sehr unterschiedlichen (politischen und sozialen) Positionen, die in Gruppen (gemeinsam mit anderen Frauen) über ihre Situation, Bedürfnisse und Ängste zu reflektieren versuchten. Die unterschiedlichen Frauen einte der Willen nach Veränderung der Lage der Frauen durch die Frauen selbst – ohne die Männer –, das brachte der Neuen Frauenbewegung häufig den Vorwurf der Männerfeindlichkeit ein. Die zweite wie auch die erste Frauenbewegung in Deutschland war feministisch, was sich 1978 zum Beispiel so las: „Feminismus ist nicht nur eine politische Überzeugung. Es ist eine neue Lebensform, die wir uns Schritt für Schritt erkämpfen müssen. Deshalb haben wir auch nichts Fertiges zu bieten. Den Frauen soll nichts von außen aufgesetzt werden, weder politisches Wissen noch Engagement für andere. Sie sollten vielmehr sich selbst in den Mittelpunkt stellen, ihre eigene Unzufriedenheit benennen und mit anderen betroffenen Frauen zusammenarbeiten“ (Schmidt-Harzbach 1978, 39 zit. n. Nave-Herz 1989, 71). In Frauenzentren und Selbsterfahrungsgruppen stand so das Sprechen über weibliche Sexualität, Abtreibung, Gewalt und sexualisierte Gewalt, Frauengesundheit und die Arbeitsteilung zwischen Frauen und Männern im Zentrum. In den Gruppen und Kampagnen der Frauenbewegung überwogen heterosexuelle Themen, lesbische Frauen kritisierten das Verschweigen und die Diskriminierung lesbischer Lebensweisen und schufen eigene Zusammenhänge und Aktionsformen (Bührmann 1996).

Vor diesem Hintergrund und zeitgleich beginnt die wissenschaftliche Thematisierung von Geschlecht. Zur Entstehung der Frauenforschung Anfang der 1970er trägt die Auseinandersetzung von Frauen mit einem von Männern geprägten Wissenschaftsverständnis und die Kritik an den männlich dominierten Hochschulstrukturen bei (Althoff/Bereswill/Riegraf 2001). Forschungsaktivitäten entwickeln sich besonders in den Sozial- und Geisteswissenschaften zu den Themen geschlechtsbezogene Arbeitsteilung und Hausarbeit, geschlechtsspezifische Sozialisation und Erziehung, Gewalt gegen Frauen, Patriarchatsanalysen, männliche Dominanz und der Gebrauch von männlich geprägter Sprache. Zu Beginn der Frauenforschung steht das Sichtbarmachen der Perspektive von Frauen im Mittelpunkt. Diese Perspektive umfasst die Frauengeschichte, weibliche Erfahrungen in der Familie, Sexualität, Mutterschaft und Frauenarbeit. Regina Becker Schmidt und Helga Bilden (1991) fassen die Herausforderungen und Aufgaben von Frauenforschung pointiert zusammen. Frauenforschung „muss sich in dreifacher Weise von männlicher Dominanz befreien: Sie kämpft angesichts der Marginalisierung von Wissenschaftlerinnen im Forschungsbetrieb um ihre Verankerung im ‚male-stream'; sie muss Probleme von Frauen als forschungsrelevante Belange überhaupt erst durchsetzen; und es gilt androzentrische Weltbilder außer Kraft zu setzen" (Becker-Schmidt/Bilden 1991, 26).

In diesem mittlerweile 20 Jahre alten Zitat wird die Marginalisierung, sprich die Randständigkeit von Frauen im Wissenschaftsbetrieb benannt. Wird die gegenwärtige Zahl von Professorinnen zugrunde gelegt, lässt sich immer noch von einer solchen Marginalisierung sprechen: Im Jahr 2009 liegt der Anteil von Professorinnen an Hochschulen in Deutschland bei 18 %, mit 7 267 Frauen gegenüber 32 544 Männern, 1999 waren nur 9,8 % der Professuren mit Frauen besetzt (Statistisches Bundesamt 2010). Mit der Verankerung im „male-stream" wird auf den männlich (male) dominierten Mainstream von Wissenschaft angespielt. So wurde zum Beispiel lange Zeit in der historischen, soziologischen oder psychologischen Forschung zu Kindheit und Jugend die Situation von Mädchen und die Adoleszenz junger Frauen entweder ganz ausgeblendet oder das Verständnis von Kindheit und Jugend geschlechtsneutral und implizit männlich konzipiert. Am Beispiel der Geschichte der Industriesoziologie lässt sich zeigen, dass Industriearbeiterinnen bis 1977 in der Forschung nicht vorkamen (Becker-Schmidt/Bilden 1991, 26). Die Kritik der Frauenforschung richtete sich also gegen den Androzentrismus in der Wissenschaft, in dem der Mann als Maßstab galt und die Wissenschaft dennoch Allgemeingültigkeit beanspruchte. Seit den wissenschaftskritischen Anfängen der Frauenforschung bis in die Gegenwart entstanden vielfältige, komplexe und kontroverse Theorieansätze (Becker/Kortendiek 2004), auf die im zweiten Kapitel noch eingegangen wird.

Etwa seit Beginn der 1990er Jahre wird zunehmend von Geschlechterforschung gesprochen. Zudem entwickelt sich eine Männlichkeitsforschung mit ebenfalls unterschiedlichen Strömungen und Ansätzen. Damit die Geschichte und die Grundlagen der Frauenforschung weiterhin sichtbar bleiben, wird aber häufig der Terminus „Frauen- und Geschlechterforschung" verwendet, beispielsweise in der Deutschen Gesellschaft für Soziologie. Hier hat sich die 1979 gegründete Sektion „Frauenforschung in den Sozialwissenschaften" im Jahre 2001 nach langen Diskussionen in Sektion „Frauen- und Geschlechterforschung" umbenannt.

Die Entwicklung der Frauenforschung findet in einem internationalen Zusammenhang statt. Das heißt, dass die Themen und theoretischen Debatten im deutschsprachigen Raum immer auch von englischsprachigen Veröffentlichungen, von europäischen und internationalen Diskussionen beeinflusst sind. Diese Einflüsse werden für alle besonders im Begriff „Gender" deutlich, der weltweit in der Strategie des „Gender Mainstreaming" bekannt geworden ist und durch internationale Organisationen (UN, EU) eingeführt und verbreitet wurde.

Weiterführende Literatur

Althoff, Martina/Bereswill, Mechthild/Riegraf, Birgit (2001): Feministische Methodologien und Methoden. Traditionen, Konzepte, Erörterungen. Opladen

Becker, Ruth/Kortendiek, Beate (Hrsg.) (2004): Handbuch Frauen- und Geschlechterforschung. Theorie, Methoden, Empirie. Wiesbaden (überarbeitete Neuauflage 2010)

Bereswill, Mechthild/Stecklina, Gerd (Hrsg.) (2010): Geschlechterperspektiven für die Soziale Arbeit. Weinheim und München

2

2. Dimensionen der Kategorie Geschlecht

In diesem Kapitel werden drei theoretische Akzentuierungen der Kategorie Geschlecht aufgegriffen, die für das Verständnis von Geschlechterverhältnissen in der Sozialen Arbeit zentral sind: Geschlecht als *Strukturkategorie*; Geschlecht als *soziale Konstruktion*; Geschlecht als *Konfliktkategorie* (Bereswill/Ehlert 2010). Diese Unterscheidung von drei verschiedenen Dimensionen ist nicht mit einem Mehrebenenmodell zu verwechseln, bei dem gesellschaftstheoretische Aussagen zu Geschlecht als Strukturkategorie nur mit solchen zu Geschlecht als sozialer Konstruktion oder zur konflikthaften Aneignung von Geschlechtsidentität durch die Subjekte verknüpft werden müssen. Es handelt sich vielmehr um verschiedene Theorieangebote mit unterschiedlichen Reichweiten und Grenzen ihrer jeweiligen Erklärungskraft. Die hier vorgenommene Differenzierung ist notwendig, um Aussagen, die alle unter dem Schlagwort „Gender" getroffen werden, hinterfragen zu können: Über was genau wird eigentlich gesprochen, wenn von „Geschlecht" oder „Gender" die Rede ist? Wie werden die Unterschiede zwischen den Geschlechtern wahrgenommen und wie werden sie erklärt? Diese Fragen beschäftigen die Menschen in unterschiedlichen Kulturen und Epochen in der Geschichte sowie in den verschiedenen Wissenschaftsdisziplinen. Im Alltagsbewusstsein gilt die Zweigeschlechtlichkeit als nicht weiter hinterfragbare Grundtatsache. So war es ein Anliegen von Frauen der Frauenbewegung und der Frauenforschung, den im Alltagsbewusstsein fest verankerten Vorstellungen und Argumentationen über die „Natur der Frau“ zu widersprechen. Die Unterschiede zwischen Frauen und Männern sollten als Ergebnis von Geschichte und damit als veränderbar begriffen werden. Dabei wurde und wird deutlich, dass mit Konstruktionen von Unterschieden zwischen Frauen und Männern meistens gleichzeitig deren Bewertungen einhergehen. Diese Bewertungen werden durch die Frauen- und Geschlechterforschung als Hierarchie, als Über- und Unterordnung aufgedeckt und analysiert. Darüber hinaus wird die Bedeutung von Geschlecht im Zusammenhang mit anderen Ungleichheitsdimensionen in den Debatten um die *Intersektionalität* thematisiert, diese Diskussionen und Ergebnisse der Männlichkeitsforschung werden im Folgenden ebenfalls aufgegriffen.

2.1 Geschlecht als Strukturkategorie – Geschlechterverhältnisse

In den 1970er und 80er Jahren wird mit Blick auf die Geschlechterhierarchien in der Geschichte und in der Gegenwartsgesellschaft vom Patriarchat gesprochen. Damit ist die (Vor-)Herrschaft von Männern über Frauen und Familien und die gesellschaftliche Ungleichheit zwischen Männern und Frauen benannt. Der Begriff des Patriarchats wird heute nur noch selten verwandt, zur gesellschaftstheoretischen Analyse der Ungleichheit zwischen den Geschlechtern dient der Begriff *Geschlechterverhältnis*, mit dem Geschlecht als Strukturkategorie verstanden wird.

Mit dem Begriff Strukturkategorie bezieht man sich auf die Gesellschaft als ein soziales Gefüge, das nach bestimmten Regeln und Organisationsprinzipien funktioniert. Dabei werden soziale Gruppen und deren Beziehungen innerhalb einer Gesellschaft untersucht. Das Geschlecht – die Einteilung in Frauen und Männer – ist so ein zentrales Gliederungsprinzip. Bezogen auf Geschlecht wird hierbei vom Geschlechterverhältnis gesprochen, wobei von einem Herrschaftsverhältnis zu Ungunsten von Frauen ausgegangen wird (Becker-Schmidt 1985). Nach dieser Auffassung stehen sich Frauen und Männer als soziale Gruppen gegenüber, in Relationen, die durch Auf- und Abwertungen und durch Hierarchien bestimmt sind, in denen Frauen gegenüber Männern (generell) benachteiligt sind. Regina Becker-Schmidt (1993) hat für die jeweiligen Geschlechtergruppen den Begriff der Genus-Gruppen geprägt. Genus verweist auf die Wortbedeutung von Geschlecht und Gattung: „Geschlechter nehmen soziale Stellungen ein. Das gilt nicht nur für Familien vornehmer Abstammung, z.B. für Adelsgeschlechter, die sich durch ihre Herkunft von den sogenannten gemeinen Volksschichten abgrenzen. Auch Frauen und Männer sind als Kollektive durch die Positionen unterschieden, die sie in der Geschlechterordnung einnehmen. Somit sind sie qua Genus eingegliedert in einen gesellschaftlichen Strukturzusammenhang: das Geschlechterverhältnis“ (Becker-Schmidt 1993, 38).

Die Frauen- und Geschlechterforschung hat gezeigt, dass Geschlechterverhältnisse das Resultat von historischen Prozessen sind, in deren Verlauf sich beispielsweise eine bestimmte Arbeitsteilung zwischen den Geschlechtern oder unterschiedliche gesellschaftliche Sphären, wie die des Öffentlichen und Privaten in der bürgerlichen Gesellschaft herausgebildet haben. Geschlechterverhältnisse, und darauf verweist auch der Begriff der Strukturkategorie, sind durch ein komplexes Gefüge sozialer Normen, Institutionen und Strukturen abgesichert. Hier geht es um die Vorstellung von Geschlecht als gesellschaftlichem Strukturzusammenhang, dementsprechend ist das Konzept der Geschlechterverhältnisse in Anlehnung an den marxistischen Begriff der Klassenverhältnisse entwickelt worden (Sauer 2006).

Geschlecht als Strukturkategorie wird gesellschaftstheoretisch als ein Prinzip gesellschaftlicher Gliederung und Hierarchiebildung betrachtet, als ein Muster, das Institutionen wie dem Arbeitsmarkt, der Arbeitsteilung oder der Familie zugrunde liegt. Das heißt, die Zugehörigkeit zur Gruppe der Frauen oder Männer bestimmt strukturell über den Zugang zu gesellschaftlichen Ressourcen, z.B. über die Position auf dem Arbeitsmarkt, der (immer noch) horizontal und vertikal entlang der Achse Geschlecht strukturiert ist. Am Beispiel des Arbeitsmarkts zeigen sich diskriminierende Strukturen und unterschiedliche geschlechtsbezogene Bewertungen von Tätigkeiten besonders deutlich. So haben Frauen auch zu Beginn des 21. Jahrhunderts immer noch ein geringeres Durchschnittseinkommen als Männer, wobei Deutschland im europäischen Vergleich im hinteren Mittelfeld liegt. Der Verdienstabstand zwischen Frauen und Männern liegt bei 23 %, variiert jedoch nach Wirtschaftsbereichen und der Unterschied ist in Ostdeutschland deutlich geringer als in Westdeutschland (bmfsfj 2009). Auch die Beschäftigungsverhältnisse in der Sozialen Arbeit sind dementsprechend als Teil eines gesellschaftlichen Strukturzusammenhangs zu untersuchen, in denen Geschlecht ein sozialer Platzanweiser ist.

Im Kontext von Zeitdiagnosen und Theorien neuer Formen der Vergesellschaftung unter den Stichworten „Risikogesellschaft" „Individualisierung" und „zweite Moderne" wird häufig von Veränderungen im Geschlechterverhältnis gesprochen. Folgendes Zitat von Ulrich Beck, Wolfgang Bonß und Christoph Lau aus dem Jahr 2001 prognostiziert eine radikale Modernisierung des Geschlechterverhältnisses. „Als wichtiger Teil des neuen Individualisierungsschubs ist die Geschlechterrevolution zu beobachten, die auf eine Veränderung der Binnenbeziehungen der Familie wie auf eine Auflösung der geschlechtsspezifischen Arbeitsteilung mit ihren Auswirkungen diesseits und jenseits des Arbeitsmarktes verweist" (Beck, Bonß und Lau 2001, 23, zit. n. Wetterer 2003, 286). Wenn sich auch noch keine Geschlechterrevolution in der Wahrnehmung von Geschlechterungleichheit beobachten lässt, scheint es Verschiebungen zwischen den Generationen zu geben. Heute dominieren Angleichungstendenzen zwischen den Geschlechtern, beispielsweise in den Lebensstilen und Lebensentwürfen. Ein entsprechender Gleichheitsglaube bestimmt das Selbstverständnis der Geschlechter, vor allem in der Lebensphase des Aufwachsens. Doch spätestens im Erwachsenenalter stellt sich Geschlecht immer noch und immer wieder als Produzent von Ungleichheit heraus. Wir können hier von einem kulturellen Wandel ohne sozialstrukturellen Tiefgang sprechen. Die bekannten Strukturelemente wirken: Der Verdienst von Frauen liegt, wie beschrieben, immer noch sehr viel niedriger als der von Männern, immer noch konzentrieren sich Arbeitnehmer weiblichen Geschlechts in Niedriglohnsektoren und immer noch liegt das Risiko, im Lebensverlauf zu verarmen, bei Frauen um zwei Drittel höher als bei Männern (Krüger 2007, 179). „Auffällig ist, dass die Geschlechterungleichheit, die hier ihre Wirkung tut, hinter dem Rücken der Subjekte aufgestellt zu sein scheint, sich gegen die eigenen Pläne und Entwürfe von Gleichberechtigung durchsetzt und Gleichheit vor allem in bestimmten Phasen des Lebenslaufs, z.B. der Einmündung in Arbeitsmarkt und in Elternschaft, aushebelt (Horstmann 1996; Bertram u.a. 2006). Entsprechend erzeugt sie Verstimmungen, die in der Regel personalisiert und gegen den Partner oder gegen Entscheidungsträger mit ‚gatekeeper'-Funktion im Arbeitsmarkt gewendet werden. Der hier vermutete Verursacher oder Widerpart scheint greifbar – und nicht Effekt einer irgendwie gearteten Sozialstruktur, einer tiefer liegenden Schicht von Ungleichheitsproduktion also" (Krüger 2007, 179). In diesem Zitat von Helga Krüger wird deutlich, dass und wie gesellschaftliche Strukturen in das Leben von Individuen hineinwirken können: „hinter dem Rücken der Subjekte": In den Aushandlungen der Arbeitsteilung in einer Partnerschaft, in der Frage, wer wie lange Elternurlaub nimmt, wer welche Karriere durchsetzt, können die „Verstimmungen" auftreten. Was als individualisierter Konflikt zwischen Frau und Mann ausgetragen wird, ist Ausdruck der institutionalisierten Ungleichheit zwischen den Geschlechtern in den Verhältnissen gesellschaftlicher Produktion und Reproduktion: die Logik der Geschlechterungleichheit ist nach wie vor in die Versorgungssysteme rund um die Familie eingelagert. Die Möglichkeiten von veränderten Geschlechterbeziehungen sind also im Zusammenhang mit Beharrung und Wandel eines hierarchisch organisierten Geschlechterverhältnisses zu betrachten.

2.2 Ansätze der Männlichkeitsforschung – Gender of Oppression, Hegemoniale Männlichkeit und männliche Herrschaft

In der internationalen Entwicklung der Männer- bzw. Männlichkeitsforschung sind ebenfalls Ansätze erarbeitet worden, in denen Geschlecht – Männlichkeit – in gesellschaftstheoretischer Perspektive untersucht wird. So erschienen 1987 in kritischer Auseinandersetzung mit feministischen Patriarchatskonzepten zwei zentrale Veröffentlichungen „The Gender of Oppression" (Das Geschlecht der Unterdrückung) von Jeff Hearn und „Gender and Power" (Geschlecht und Macht) von Bob Connell (im Folgenden: Raewyn Connell). Hearn beschreibt das Patriarchat und den Kapitalismus „als ineinander verwobene, jedoch nicht aufeinander reduzierbare Systeme der Unterdrückung. Er betont, dass die oppressive Kraft des Patriarchats sich auch gegen Männer richte, gegen diejenigen also, die die Akteure und Agenten der Unterdrückung sind. (...) Die patriarchale Herrschaft der Männer gründet (...) in einer Aneignung der weiblichen Arbeitskraft. Männer gehören somit, ob sie es wollen oder nicht, dem *gender of oppression* an" (Bereswill, Meuser, Scholz 2007, 9f, Hervorhebungen im Original). Die Vorherrschaft des männlichen Geschlechts konstituiert nach Hearn Macht- und Herrschaftsverhältnisse, die als Systeme unabhängig von den Intentionen der einzelnen Männer ihre Dynamik entfalten.

In ihrem Aufsatz „Towards a New Sociology of Masculinity" führen Carrigan, Connell und Lee 1985 das Konzept der hegemonialen Männlichkeit ein, das in der Folge von Raewyn Connell (1987) weiterentwickelt wird. Die Autoren knüpfen dabei an den Hegemoniebegriff Antonio Gramscis an. Gramsci gehörte zu den Mitbegründern der Kommunistischen Partei Italiens und hat als marxistischer Philosoph betont, dass (kapitalistische) Herrschaft nicht nur durch Zwang hergestellt würde, sondern durch Konsens, durch Verinnerlichung von Werten, die hegemonial vermittelt würden, beispielsweise durch Kirchen, Schulen und Massenmedien. Nach Connell wird analog die Hegemonie der männlichen Herrschaft weniger durch Zwang oder Gewalt abgesichert als durch den Konsens und die Anerkennung allgemeiner kultureller Normen und Werte durch Frauen und Männer. In der symbolischen und institutionellen Verknüpfung von Autorität und Männlichkeit liegt die männliche Macht begründet, als heterosoziale Dominanz der Gruppe der Männer über die Gruppe der Frauen. Männliche Macht zeigt sich nach Connell aber auch gegenüber anderen Männern, in der homosozialen Dominanz: „Hegemoniale Männlichkeit ist eine in zweifacher Hinsicht relationale Kategorie: Sie steht in Relation zu untergeordneter Weiblichkeit und zu anderen, nicht hegemonialen Ausprägungen von Männlichkeit. Connell unterscheidet hier untergeordnete, komplizenhafte und marginalisierte Männlichkeiten" (Bereswill, Meuser, Scholz 2007, 11).

Eine etwas anders gelagerte gesellschaftstheoretische Perspektive auf Männlichkeit nimmt der französische Soziologe Pierre Bourdieu in „Die männliche Herrschaft" (1997, 2005) ein. Bourdieu fragt, wie es zu der Akzeptanz von Herrschaft und Unterwerfung kommt, „wie sich die bestehende Ordnung mit ihren Herrschaftsverhältnissen, ihren Rechten und Bevorzugungen, ihren Privilegien und Ungerechtigkeiten, von einigen historischen Zufällen abgesehen, letzten Endes mit solcher Mühelosigkeit erhält und dass die unerträglichsten Lebensbedingungen so häufig als akzeptabel und sogar natürlich erscheinen können. Ich habe auch immer in der männlichen Herrschaft und der Art und Weise, wie sie aufgezwungen und erduldet wird, das Beispiel schlechthin für diese paradoxe Unterwerfung gesehen, die ein Effekt dessen ist, was ich symbolische Gewalt nenne. Es ist jene sanfte für ihre Opfer unmerkliche, unsichtbare Gewalt, die im Wesentlichen über die rein symbolischen Wege der Kommunikation und des Erkennens, oder genauer des Verkennens, des Anerkennens oder, äußerstenfalls, des Gefühls ausgeübt wird. Diese soziale Beziehung, die so außerordentlich gewöhnlich ist, bietet daher eine besonders günstige Gelegenheit, die Logik einer Herrschaft zu erfassen, die im Namen eines symbolischen Prinzips ausgeübt wird, das der Herrschende wie der Beherrschte kennen und anerkennen. Dabei kann es sich um eine Sprache (oder Aussprache), einen Lebensstil (oder eine Denk-, Sprech- oder Handlungsweise) und, allgemeiner, eine distinktive Eigenschaft, ein Emblem oder ein Stigma handeln, unter denen die symbolisch wirksamste die Hautfarbe ist, diese völlig willkürliche körperliche Eigenschaft ohne jede Voraussagekraft" (Bourdieu 2005, 7 f.). In diesem langen Zitat zeigt Bourdieu anschaulich, wie er symbolische Gewalt erklärt und wie die Logik von Herrschaft zu verstehen ist.

Bourdieu möchte Prozesse enthüllen, „die für die Verwandlung der Geschichte in Natur, des kulturell Willkürlichen *in Natürliches* verantwortlich sind" (Bourdieu 2005, 8, Hervorhebung im Orginal). Dabei überträgt er das von ihm zur Analyse der Klassenverhältnisse entwickelte Konzept des Habitus auf die Geschlechterverhältnisse. „Männlichkeit, so Bourdieu, ist dem Habitus *aller* Männer wie auch *aller* Frauen eingeschrieben. (...) Bourdieus Kernaussage, dass die sozial konstruierten Unterschiede und Ungleichheiten zwischen den Geschlechtern *in das Körperliche* eingegangen sind und dadurch die männliche Herrschaft natürlich und unvermeidlich erscheinen lassen, ist wichtig" (Wedgwood, Connell 2004, 113f, Hervorhebungen im Original). Mit dem Begriff des Habitus beschreibt Bourdieu einen Prozess, in dem das Handeln, Denken und Verhalten von Menschen im Körper verankert, „inkorporiert" werden (Liebsch 2006). Nach Bourdieu wird der männliche Habitus „konstruiert und vollendet (...) nur in Verbindung mit dem den Männern vorbehaltenen Raum, in dem sich, *unter Männern*, die ernsten Spiele des Wettbewerbs abspielen" (Bourdieu 1997, 203, zit. nach Meuser 2006, 163). Damit betont Bourdieu die kompetetive, also wettbewerbsförmige Struktur von Männlichkeit und die homosozialen Räume, in denen der Wettbewerb stattfindet. Diese Struktur hat auch eine Bedeutung für die Ausübung von Gewalt. „Viele schulische und militärische Einsetzungsriten enthalten regelrechte Männlichkeitsprüfungen, die den Zusammenhalt zwischen Männern festigen sollen. (...) Dafür sind all die Situationen Beweis genug, wo der Wille zur Herrschaft, zur Ausbeutung oder zur Unterdrückung, sich zur Ausführung von Gewalttaten, wie Töten, Foltern oder Vergewaltigungen, auf die ‚männliche' Befürchtung stützt, aus der Welt der ‚Männer' ohne Schwäche ausgeschlossen zu werden, nicht mehr zu denen zu gehören, die man zuweilen ‚harte Männer' nennt, (...)" (Bourdieu 2005, 95f.). Für Bourdieu ist Männlichkeit ein relationaler Begriff, der durch Wettbewerb unter Männern und in Abgrenzung zu Weiblichkeit konstruiert ist.

In den dargestellten Ansätzen der Männlichkeitsforschung werden Frauen und Männer – wie bei der Erklärung des Geschlechterverhältnisses – als soziale Gruppen verstanden, die in einem hierarchischen Verhältnis zueinander stehen. „Hinzu kommt die Perspektive der doppelten Relationalität: zwischen Männern und Frauen und zwischen Männern" (Bereswill 2008). Eine Erweiterung der Perspektive auf Relationen zwischen unterschiedlichen Gruppen wird im Folgenden im Konzept der Intersektionalität diskutiert.

2.3 Intersektionalität

Aus den bisher entwickelten gesellschaftstheoretischen Perspektiven ist Geschlecht eine tragende Achse sozialer Ungleichheit. Damit soll deutlich gemacht werden, dass die Frage, welche Faktoren die sozialen Positionierungen von Menschen bestimmen, nicht ohne Berücksichtigung von Geschlecht beantwortet werden kann. Gefragt wird aber auch nach der Überschneidung oder Kreuzung unterschiedlicher Achsen der Ungleichheit, konkret nach der Trias Klasse – Ethnizität – Geschlecht und deren Konsequenzen für die soziale Platzierung von Menschen. Die damit verbundenen Kontroversen in der westdeutschen Frauen- und Geschlechterforschung wurden maßgeblich von Migrations- und Rassismusforschern/-forscherinnen angestoßen (Anthias/Yuval-Davis 1993; Bereswill 1997; Gümen 1998; Lenz 1995; Lutz 1992, 2004; Schultz 1990). Sie stellten infrage, dass Frauen grundsätzlich durch alle sozialen Gruppen einer Gesellschaft hindurch gegenüber Männern benachteiligt seien und sie betonten die Differenzen innerhalb der Gruppe der Frauen als Genus-Gruppe und analog die Differenzen zwischen Männern. In der Auseinandersetzung mit den spezifischen Erfahrungen der Diskriminierung und Benachteiligung Schwarzer Frauen auf dem Arbeitsmarkt in den USA, führt die Juristin Kimberle Crenshaw 1989 den Begriff der Intersektionalität ein und schlägt die Metapher einer Straßenkreuzung, einer intersection vor (Crenshaw 1989; Klinger u.a. 2007). In der deutschen Übersetzung des Textes schreibt Crenshaw zu dieser Metapher, mit der sie die „begrifflichen Beschränkungen eindimensionaler Analysen“ von Diskriminierung überwinden möchte: „Nehmen wir das Beispiel einer Straßenkreuzung, an der der Verkehr aus vielen Richtungen kommt. Wie dieser Verkehr kann auch Diskriminierung in mehrere Richtungen verlaufen. Wenn es an einer Straßenkreuzung zu einem Unfall kommt, kann dieser vom Verkehr aus jeder Richtung verursacht worden sein – manchmal gar von Verkehr aus allen Richtungen gleichzeitig –, Ähnliches gilt für eine Schwarze Frau, die an einer Kreuzung verletzt wird; die Ursache könnte sowohl sexistische als auch rassistische Diskriminierung sein“ (Crenshaw 2010, 38). Diese Argumentation steht im Kontext des US-amerikanischen Antidiskriminierungsrechts, Crenshaw kritisiert eine Rechtsprechung, die die Wechselbezüglichkeit von „Rasse" und Geschlecht nicht berücksichtigt: Klagen konnten in den USA entweder aufgrund von Diskriminierung qua Geschlecht oder „Rasse" eingereicht werden, aber nicht aufgrund einer Diskriminierung von beiden oder bzw. weiteren diskriminierenden Ungleichheitsfaktoren. Crenshaws Text ist auch im Zusammenhang mit der amerikanischen Bürgerrechts- und Frauenbewegung und den damit verbundenen Befreiungskämpfen von Schwarzen und Feministinnen zu lesen.

In der feministischen Bewegung in den USA wird seit den 1970er Jahren kritisiert, dass Weiblichkeit implizit mit Weiß-Sein gleichgesetzt wird. Feministische Konzepte vernachlässigen demnach die Verflechtungen von race und gender und ignorieren die Lebenslagen und Erfahrungen Schwarzer Frauen (Combahee River Collective 1977/1981; Hull et al. 1982, Davis 2008). Crenshaws Bild von der Straßenkreuzung ist nicht der einzige Begriff, der die Wechselwirkung verschiedener Benachteiligungsdynamiken erfassen soll. Die US-amerikanische Wissenschaftlerin Patricia Hill Collins (1990) spricht von einer *„matrix of domination"* und einem *„interlocking system of oppression"* und kritisiert Ansätze, die verschiedene Unterdrückungsverhältnisse einfach nur addieren und damit davon ausgehen, dass Schwarze Frauen oder Frauen der Arbeiterklasse „doppelt" oder „mehrfach" diskriminiert wären.

In den aktuellen Debatten um die „Achsen der Ungleichheit" (Klinger et al. 2007) und den „Fokus Intersektionalität" (Lutz et al. 2010) wird unterstrichen, dass Frauen und Männer keine homogene Gruppen darstellen, und die Notwendigkeit betont, die Verwobenheit und das Zusammenwirken verschiedener Differenzkategorien sowie unterschiedlicher Dimensionen sozialer Ungleichheit zu untersuchen. Dabei stellt sich die Frage, auf welcher Ebene die Analysen ansetzen: Sind gesellschaftliche Strukturen gemeint oder interaktive Identitätskonstruktionen (doing gender and doing difference)? Gefragt wird bei Letzterem nach den Erfahrungen von Subjekten und ihren verschiedenen Zugehörigkeits-, Diskriminierungs- und Identitätskonstruktionen. Auf dieser Ebene liegen verschiedene Untersuchungen vor (Lutz et al. 2010), eine gesellschaftstheoretische Analyse, bei der die Eigenständigkeit der jeweiligen Kategorien bzw. Konzepte

Klasse, Ethnizität/Rasse und Geschlecht und deren Wechselwirkungen hinreichend bestimmt sind, steht allerdings noch aus (Klinger et al. 2007, Bereswill 2011). Diskutiert wird außerdem, ob nicht viel mehr Differenzlinien, die die Lebenslagen und Zugehörigkeiten von Menschen prägen, erfasst werden müssten (Leiprecht/Lutz 2005).

2.4 Geschlecht als soziale Konstruktion – doing gender

Im Zeitalter der Industrialisierung bilden sich Vorstellungen von „Geschlechtscharakteren" (Hausen 1976) heraus, die bis heute unsere Vorstellung von Geschlecht beeinflussen. Im Kern werden die Unterschiede zwischen den Geschlechtern biologisch begründet. So lässt sich von einer „Naturalisierung" der Geschlechterdifferenz sprechen, mit zwei Geschlechterklassen als Personenkategorien, denen Eigenschaften, Verhaltensweisen, Fähigkeiten, Ausdrucksformen, Kleidung, Mode und Schönheitsideale und vieles andere mehr zugewiesen werden. Um deutlich zu machen, dass diese Zuschreibungen und Erwartungen an Frauen und Männer nicht biologisch bestimmt sind, sondern gesellschaftlich konstruiert und damit auch veränderbar, wird in den 1970er Jahren im englischsprachigen Raum auf die Unterscheidung zwischen „sex" und „gender" zurückgegriffen (Lorber 1999, 37). „Sex" steht für das biologische Geschlecht, die körperlichen Geschlechtsmerkmale, während „gender" das soziale, erworbene Geschlecht bezeichnet. Damit wird darauf hingewiesen, dass die körperlichen Unterschiede zwischen den Geschlechtern nicht automatisch mit ihrem Verhalten, ihren Eigenschaften und Fähigkeiten verbunden sind. Aus der Möglichkeit des Kindergebärens folgt nicht, dass Frauen fürsorglicher, empathischer und liebevoller sind als Männer. Stärke, Aggressivität und die Rolle des Familienernährers sind nicht auf einen männlichen Körper zurückzuführen.

Die Unterteilung in „sex" und „gender" wird mittlerweile kritisch diskutiert: biologische Unterscheidungen sind nicht eindeutig, die Vorstellung vom biologischen Geschlecht ist selbst sozial konstruiert und wird gesellschaftlich hergestellt. Diese Kritik wird im Folgenden noch verdeutlicht. Zunächst lässt sich festhalten, dass die Perspektive der Konstruktion oder Herstellung von Geschlecht für vielfältige theoretische Ansätze zentral ist. Dabei widerspricht der Gedanke der Konstruktion häufig dem Alltagsverständnis von Menschen, nach dem die Geschlechtszugehörigkeit natürlich, eindeutig und unveränderbar ist. Die Zweigeschlechtlichkeit von Menschen gilt als selbstverständliche Tatsache und ist verbunden mit Erwartungsunterstellungen zur Geschlechterdifferenz und dem sozialen Handeln, was in der Geschlechterforschung als „kulturelle Konstruktion von Zweigeschlechtlichkeit" (Hagemann-White 1984) bezeichnet wird.

Die Wurzeln von Theorien der Geschlechterkonstruktion und des Konzepts des *doing gender* liegen in der soziologischen Interaktionstheorie und der Kulturanthropologie. 1967 veröffentlichte Harold Garfinkel seine Studie zum Geschlechtswechsel der Transsexuellen Agnes. Garfinkel untersucht, anhand von Tonbandaufzeichnungen von Gesprächen einer Mann-zu-Frau-Transsexuellen und einem Psychiater, dass und wie die Geschlechtszugehörigkeit in Alltagsinteraktionen hergestellt wird. Am Beispiel der Transsexualität, des Wechsels von einem Geschlecht zum anderen zeigt sich, wie sich Prozesse der Geschlechtszuweisung und der Darstellung von Geschlecht vollziehen (Gildemeister 2004, 134). Dabei ist Geschlecht bzw. die Geschlechtszugehörigkeit eben nicht natürlich und für immer vorhanden. Die Fallstudie zeigt, wie komplex und ineinander verwoben Muster von Weiblichkeit und Männlichkeit sind, und dass sie „in jeweils situationsadäquater Weise im praktischen Handeln und Verhalten realisiert werden müssen. Indem Agnes lernt, neben einer angemessenen Erscheinungsweise (Kleidung, Frisur, Figur, Make-up etc.) die Kategorisierung verhaltens-, handlungs- und erlebnismäßig auszufüllen, erlernt sie zugleich, die in die Muster eingewobene Asymmetrie: Zurückhaltung, Dienstbarkeit und Subordination als ‚weibliche' Qualitäten" (Gildemeister 2004, 134). Am Beispiel der Fallstudie Agnes werden soziale Praktiken und Routinen deutlich und die grundlegenden Typisierungsmuster in der Einteilung von nur zwei Geschlechtern, die als alltagsweltlich unhinterfragte Wirklichkeit gelten. „Vor diesem Hintergrund hat Garfinkel (1967) von der Zweigeschlechtlichkeit als einem ‚moralischen Tatbestand' (eben keinem ‚natürlichen') gesprochen, einem, instituionalized moral fact', über den alles, was von dem strikt zweigeschlechtlichen Modell abweicht, zu etwas ‚abnormalem', ‚pathologischem' oder eben ‚unnatürlichem' gemacht wird" (Gildemeister/Robert 2008, 16).

Weiblichkeit und Männlichkeit scheinen also mit bestimmten Eigenschaften und Verhaltensweisen kompatibel zu sein und mit anderen nicht (Kessler/McKenna 1978, 142). Dies ist – wie die konstruktivistischen Ansätze zeigen – nicht Ausdruck einer natürlichen Differenz zwischen Frauen und Männern, sondern das Ergebnis von Konstruktions- und Zuschreibungsprozessen, in deren Verlauf die Bedeutung von Geschlecht immer wieder ausgehandelt und interaktiv abgesichert werden muss. Menschen haben oder sind kein Geschlecht, sie müssen sich ihrer Zugehörigkeit zu dem einen oder anderen Geschlecht immer wieder vergewissern und diese im Austausch mit Anderen abgleichen. Ein Handlungsvollzug, der als *doing gender* bezeichnet wird (West/Zimmermann 1987; Gildemeister 2004). Geschlecht ist nichts Vorsoziales, an die Biologie oder den Körper Gebundenes, der nach dieser Auffassung ebenfalls als Effekt sozialer Praxis begriffen und untersucht wird (Hirschauer 1989, 101). Vor diesem Hintergrund wird dann auch die Unterscheidung zwischen sex und gender hinfällig. Die Betonung einer gleichursprünglichen Wechselbeziehung zwischen körperlichen und kulturellen Aspekten der Herstellung von Differenz ist eng mit der von Carol Hagemann-White formulierten „Nullhypothese" verbunden (Hagemann-White 1988, 230). Sinngemäß lautet diese, dass es keine zwei Geschlechter, sondern nur verschiedene kulturelle Konstruktionen von Geschlecht gibt. Konstruktionstheoretische Ansätze verdeutlichen also, dass es eine strikte Trennung zwischen Natur, Kultur und Gesellschaft nicht geben kann. Was wir als Natur wahrnehmen, messen und bestimmen, ist durch unsere kulturellen Denkweisen vorstrukturiert, auch die Wahrnehmung des Körpers. Grundlegende Denkmodelle der Biologie sind durch die Sozialwelt und das jeweilige zeitgenössische Alltagswissen geprägt (Wetterer 2004).

In unserer Gesellschaft ist die Einteilung in zwei Geschlechter allgegenwärtig, sie bestimmt unsere Wahrnehmung, unser Verhalten und unser Handeln. Die theoretischen Ansätze der Konstruktion von Geschlecht erklären, wie es zu dieser Klassifikation von zwei Geschlechtern kommt und wie diese mit Bedeutung versehen werden, gefragt wird also nach den Bauplänen der Konstruktion von Geschlecht. Dabei gibt es große Unterschiede und ein großes Spektrum von theoretischen Bezügen, die unter dem Begriff „konstruktivistische Ansätze“ zusammengefasst werden, wie interaktionstheoretische, ethnomethodologische, wissenssoziologische, diskurstheoretische, poststrukturalistische und dekonstruktivistische Ansätze.

Anhand von interaktionstheoretischen Zugängen lässt sich die Herstellung der Konstruktion von Geschlecht nachvollziehen: Unmittelbare Interaktion beinhaltet den Zwang zu einer Identifikation der Interaktionsteilnehmer und dabei spielt Geschlecht eine zentrale Rolle. Ein Wechsel von Zuweisung und Darstellung von Geschlechtszugehörigkeit ist so Voraussetzung und Ergebnis jeder Interaktion. Wir stellen uns als männlich oder weiblich dar mit Gestik, Mimik, Körpersprache, Stimme und Sprache und erwarten, dass diese Darstellung von unserem Gegenüber erkannt und gespiegelt wird. Dieser Prozess des *doing gender* ist somit ein ständiger Austausch von Zuschreibungs-, Wahrnehmungs- und Darstellungsroutinen, er schlägt sich auch biographisch nieder und wird identitätswirksam (Gildemeister 2004).

Judith Butler hat mit ihrem 1991 auf deutsch erschienenen Buch „Das Unbehagen der Geschlechter“, das englischsprachige Original erschien 1990 unter dem Titel „Gender Trouble“, die feministischen Theoriedebatten im deutschsprachigen Raum maßgeblich beeinflusst und verändert (Feministische Studien 11/1993, Villa 2004). Butler ist Philosophin und Sprachwissenschaftlerin und verortet ihre Arbeiten im Kontext feministischer konstruktivistischer Ansätze. Sie verfährt in der Beantwortung der Fragen nach der Konstruktion von Geschlecht nicht empirisch, sondern begriffsanalytisch und argumentiert im Hinblick auf die Konstruktion von Subjekten, Körpern und Identität auf der Ebene von Diskursen. Butler knüpft mit dem Begriff des Diskurses an den französischen Philosophen Michel Foucault an: „Diskurse sind Systeme des Denkens und des Sprechens; sie konstituieren das, was wir von der Welt wahrnehmen, indem sie unsere Wahrnehmungsmuster grundlegend formen“ (Lenz, Adler 2010, 53). Butler geht es um die Analyse der diskursiven Erzeugung von Geschlecht als vermeintlich gegebener biologischer Tatsache und um die Analyse der textlichen Produktion von Sinn. Ihr Ziel ist „die angeblich natürlichen Sachverhalte des Geschlechts“ (Butler 1991, 3) als „angebliche zu entlarven, ihnen den ontologischen Status zu nehmen und zu zeigen, dass auch der Geschlechterkörper (sex) ein – sehr realer – Effekt hegemonialer Diskurse ist (...). Erkennt man, dass Diskurse und Normen institutionalisierte Wunschvorstellungen sind, und stellt man die unkontrollierbare und immanent offene Dynamik diskursiver Praxis in Rechnung, dann erweist sich auch die Realität des Geschlechts (als Identität und nicht diskursive Praxis) als brüchig, inkohärent, widersprüchlich und prozesshaft, und damit auch als veränderbar“ (Villa 2004, 148). Politische Regulierungen, diskursive und kulturelle Praktiken und Normen wie die Heteronormativität sind nicht naturgegeben. Nach Butler werden durch diese Komponenten die sexuelle Differenz und deren Einschreibung in den Körper diskursiv erzeugt, so versucht sie den Körper und die Körperwahrnehmung neu zu denken. Danach wird das anatomische Geschlecht durch Diskurse naturalisiert. Butler macht damit deutlich, dass was für Natur gehalten wird, nicht natürlich ist. Dass sich Körper nicht unabhängig von ihrer kulturellen Form materialisieren. Dass die Materialität des Körpers immer an ihre kulturspezifische Wahrnehmung und reglementierende Ideale gebunden ist, ist ein zentrales Ergebnis von Butlers Analyse. Ihre diskurstheoretischen Untersuchungen decken aus einer sprachphilosophischen Perspektive auf, wie das, wovon die Rede ist – eine Frau, ein Mann –, durch diese Rede selbst erst als eindeutiges Geschlecht in einer heterosexuellen Matrix hervorgebracht wird. Diese Dekonstruktion der Kategorie Geschlecht, aber auch die vorher beschriebenen Ansätze, die nach der Konstruktion von Geschlecht fragen, haben maßgeblich zur Kritik an den Vorstellungen von geschlechtstypischen Unterschieden in Sozialisationsprozessen beigetragen.

2.5 Geschlecht und Sozialisation

„Wir werden nicht als Mädchen (oder Junge) geboren – wir werden dazu gemacht!" (Scheu 1977, 7). Dieser erste Satz aus einer Veröffentlichung von Ursula Scheu aus den 1970er Jahren bringt die damaligen Ansätze einer geschlechtsspezifischen Sozialisation auf den Punkt. In Kritik und Abgrenzung zu biologistischen Ansätzen, in denen unterschiedliche Fähigkeiten, Einstellungen, Verhalten und die menschliche Entwicklung überwiegend durch genetische Faktoren bestimmt werden, werden nun gesellschaftliche Faktoren benannt, die sich in der Formulierung „dazu gemacht werden" bündeln. Damit greift Scheu wiederum auf die französische Philosophin und Schriftstellerin Simone de Beauvoir zurück, die bereits 1949 in ihrem Werk „Le deuxième sexe" (Deutsche Veröffentlichung 1951: Das andere Geschlecht) schrieb, man wird nicht als Frau geboren, man wird es. Simone de Beauvoir hat mit „Das andere Geschlecht" eine theoretische Grundlage verfasst, die von der zweiten Frauenbewegung aufgegriffen wird. Betont wird in den 1970er und 1980er Jahren die Vorstellung einer sozialisationsbedingten Geschlechterdifferenz, weil Mädchen und Jungen unterschiedlich sozialisiert würden (Nestvogel 2004). Sozialisation wird als ein einengender Prozess beschrieben, in dem Mädchen stärker als Jungen in ihren „potentiellen Fähigkeiten beschränkt, in [ihrer] Autonomie gebrochen und real benachteiligt" (Scheu 1977, 7) werden. Unterschiede zwischen Frauen und Männern gelten als „Folge geschlechtsspezifischer Erziehung und Lebensbedingungen" (ebd.).

Der Begriff der geschlechtsspezifischen Sozialisation impliziert, dass Sozialisation je nach Geschlecht spezifisch weiblich oder typisch männlich verläuft. Diese Vorstellung wird aber spätestens seit den 1990er Jahren nachhaltig kritisiert und in Frage gestellt. Die kritischen Impulse sind auf die bereits vorgestellten Theorieangebote zurückzuführen, in denen Geschlecht als soziale Konstruktion begriffen bzw. Geschlecht dekonstruiert wird. „Die Frage nach geschlechtsspezifischen Bedingungen der Sozialisation nimmt die Dichotomie ‚männlich/weiblich' bereits als selbstverständlichen Ausgangspunkt, anstatt sie als Effekt eines Diskurses oder als Resultat historisch-gesellschaftlicher Verhältnisse zu betrachten. Empirischen Studien zur ‚geschlechtsspezifischen Sozialisation' wohnt somit die Tendenz inne, ihren Forschungsgegenstand von vornherein festzuschreiben und alltagsweltliche Vorstellungen der Zweigeschlechtlichkeit im Gewand wissenschaftlicher Argumente zu wiederholen“ (Bilden/Dausien 2006, 8).

Was heißt das nun für die Soziale Arbeit, für das Verständnis über das Aufwachsen von Mädchen und Jungen oder für die Vorstellung des Verhältnisses von Individuum und Gesellschaft, von Sozialisation als lebenslanger Prozess? In der wissenschaftlichen Auseinandersetzung um Sozialisation und Geschlecht gibt es gegenwärtig viele Kontroversen und unterschiedliche Zugänge, aber keine gemeinsame Theorie. Helga Bilden und Bettina Dausien (2006) beschreiben einen möglichen Minimalkonsens nach einer Tagung zu Sozialisation und Geschlecht mit der vagen Formulierung „Wie wird man handlungsfähiges Mitglied in einer Gesellschaft, in der Geschlecht relevant ist?“ (Bilden/Dausien 2006, 9). Die Kontroversen um das Konzept der Sozialisation und die Kategorie Geschlecht zeigen, wie schwierig der Umgang mit Begriffen ist. Helga Bilden (2006) plädiert für eine kritische Reflexion im Umgang mit Begriffen und eine weitere Verwendung eines Konzepts von „Sozialisation als Prozess“. In Bezug auf Geschlecht spricht sie von geschlechtsbezogener Sozialisation. „Ich verstehe Sozialisation als Prozess der Indivduierung durch Vergesellschaftung und der Vergesellschaftung als Individuierung (die alte Habermas'sche Formel) in einer Gesellschaft, die nach Geschlecht und anderen Differenzen strukturiert ist; insofern ist Sozialisation auch immer Vergeschlechtlichung. (...) Das Sozialisationskonzept halte ich immer noch für nützlich, um die soziale Gewordenheit bzw. das lebenslange Werden von Menschen in Auseinandersetzung mit ihren gesellschaftlichen Lebensbedingungen zu bezeichnen“ (Bilden 2006, 46f.). Im Anschluss an dieses Verständnis von Sozialisation wird im Folgenden eine dritte Lesart der Kategorie Geschlecht formuliert, die sich der Perspektive von Individuen/Subjekten im Prozess ihres Lebens widmet.

2.6 Geschlecht als Konfliktkategorie

Hier steht die Frage nach dem Subjekt, nach dem Werden und Gewordensein als individuelle Frau oder Mann im Zentrum. Aus einer subjekttheoretischen Perspektive ist Geschlecht ein Aspekt der Identität von Menschen. Dieser theoretische Zugang betont die intersubjektive Aneignung und intrasubjektive Verarbeitung sozialer Erfahrungen. Geschlecht, besser gesagt, kulturelle Deutungsangebote von Weiblichkeit und Männlichkeit werden aber nicht einfach übernommen oder abgelehnt. Die Geschlechtsidentität von Menschen ist vielmehr Ausdruck eines lebenslangen, spannungsreichen und mit fortlaufenden Konflikten verbundenen Aneignungsprozesses, in dessen Verlauf der Eigensinn des Subjekts und gesellschaftliche Erwartungshorizonte in Spannung zueinander stehen (Bereswill 2006). Nach dieser Auffassung ist Geschlecht eine Konfliktkategorie und Geschlechtsidentität keine abgeschlossene Entwicklungsleistung. Damit wird der Vorstellung einer eindeutigen, stabilen geschlechtlichen Identität, die im Laufe der Sozialisation erworben und hergestellt wird, widersprochen (Dausien 2006). „Es lässt sich nicht mehr naiv von Differenzen zwischen Jungen und Mädchen im Sinne von Eigenschaftszuschreibungen, von eindeutigen Geschlechtsidentitäten oder von klar gegeneinander abgegrenzten Frauen bzw. Männerrollen reden“ (Becker-Schmidt 2006, 290).

Geschlechtsidentität ist somit Ausdruck eines steten Balanceaktes: zwischen den sozialen Erwartungen an das Subjekt und seinen eigenen Wünschen, aber auch im Subjekt selbst, in dessen innerer Realität ebenfalls widerstreitende Strebungen ausbalanciert werden müssen (Becker-Schmidt/Knapp 1987; Bereswill/Ehlert 1996). Dieses innere Schwanken, die Ambivalenz zwischen unterschiedlichen Möglichkeiten auszubalancieren, erfordert die Kapazität, Widersprüche verarbeiten und Konflikte bewältigen zu können; es bleibt die offene Frage, ob und wie solche Dynamiken im Subjekt geschlechtsspezifischen Logiken unterliegen und wie sich die „Eigensinnigkeit“ der Individuen in diesen Prozessen theoretisch fassen lässt (Bilden 2006, 49). Um Geschlecht als Konfliktkategorie und die Lebenslagen und Lebensentwürfe von Frauen und Männern subjekttheoretisch zu begreifen, gilt es die gesellschaftlichen Erwartungszwänge und Chancenstrukturen im Blick zu behalten. Zugleich bedeutet dieser Zugang, offen zu bleiben für die eigensinnige Gestaltung sozialer Zwänge, Chancen und Risiken, auch im Umgang mit der eigenen Position und dem subjektiven Selbstempfinden „als Frau" oder „als Mann".

Die Fragen nach dem subjektiven „Werden und Gewordensein" rücken die Vermittlung zwischen gesellschaftlichen Strukturvorgaben und individuellen Handlungsstrategien in den Mittelpunkt - eine Perspektive, wie sie auch in der Biographieforschung eingenommen wird (Dausien 2006). Die Analyse von Biographie bietet sich an, um die Bedeutung von Geschlecht im lebensgeschichtlichen Prozess untersuchen und verstehen zu können. Für die Untersuchung der Subjektbildung lautet die leitende Frage „nicht mehr, wie ‚weibliche' oder ‚männliche' Biographien ‚werden', sondern *wie im biographischen Prozess Konstruktionen von ‚Selbst' und ‚Welt' entstehen und wie im gleichen Zug Geschlechterverhältnisse im biographischen Format aufgegriffen, reproduziert, variiert und transformiert werden*" (Dausien 2006, 37, Hervorhebung im Original). Diese Perspektive, in der Geschlecht im Kontext biographischer Konstruktionen analysiert wird, ermöglicht einen Blick darauf, wie geschlechterbezogene Erfahrungen und Deutungen im Alltag in die biographische Erfahrungsstruktur eingebaut werden.

2.7 Zwischenfazit

Geschlechtertheoretische Analysen und Reflexionen vorzunehmen erhöht die Komplexität und eröffnet gleichzeitig ein fundiertes Verständnis von Strukturen, Interaktionen und biographischem Gewordensein. Das dürfte nach der Lektüre dieses Kapitels deutlich geworden sein. Erkenntnisse der Frauen- und Geschlechterforschung und der Einbezug männlichkeitstheoretischer Ansätze ermöglichen also für die Soziale Arbeit eine weitere Analyseebene, in dem die Bedeutung von Geschlechterverhältnissen in der Sozialen Arbeit, die Reflexion sozialer Probleme unter Geschlechterperspektiven, der Zusammenhang von Geschlecht und Profession, die kritische Reflexion von Interaktionssituationen zwischen Professionellen und Adressatinnen und Adressaten sowie die Analyse von Hierarchie und Differenz in Organisationen in den Blick geraten können. Die Erkenntnisse aus diesem Kapitel werden an vielen Stellen in diesem Buch wieder aufgegriffen. In den beiden folgenden Kapiteln wird zunächst die historische Perspektive vertieft, der Zusammenhang zwischen den beiden Frauenbewegungen in Deutschland und der Entwicklung der Sozialen Arbeit als Frauenberuf.

Weiterführende Literatur

Bereswill, Mechthild/Meuser, Michael/Scholz, Sylka (Hrsg.) (2007): Dimensionen der Kategorie Geschlecht: Der Fall Männlichkeit. Münster

Bereswill, Mechthild/Ehlert, Gudrun (2010): Geschlecht. In: Bock, Karin/Miethe, Ingrid (Hrsg.): Handbuch Qualitativer Methoden in der Sozialen Arbeit. Opladen & Farmington Hills, S. 143-151

Lenz, Karl/Adler, Marina (2010): Geschlechterverhältnisse. Einführung in die sozialwissenschaftliche Geschlechterforschung Band 1. Weinheim

3

3. Die erste Frauenbewegung und die Entwicklung von Sozialer Arbeit als Frauenberuf

Die Geschichte und die Entstehung von Sozialer Arbeit als Frauenberuf ist unmittelbar mit dem Engagement von Frauen der ersten Frauenbewegung Ende des 19. und zu Beginn des 20. Jahrhunderts verbunden. Bürgerlichen Frauen beispielsweise aus höheren Beamten-, Offiziers- und Kaufmannsfamilien war weder Erwerbsarbeit noch ein Studium erlaubt. Ihnen war entsprechend dem Weiblichkeitsideal des 19. Jahrhunderts der Platz im Haus als Ehefrau und Mutter zugewiesen. Es gab jedoch einen erheblichen Teil von Mädchen und Frauen der bürgerlichen Mittelschichten, die unter der aufgezwungenen Untätigkeit und Langeweile sowie einer schlechten finanziellen Situation litten. Deren Interessen bündelten sich in der bürgerlichen Frauenbewegung in den Forderungen nach gleichen Rechten für Frauen und Männer und der Eröffnung von Ausbildungs- und Berufsmöglichkeiten für (bürgerliche) Frauen. Soziale Hilfstätigkeiten waren für die bürgerlichen Frauen ein öffentlich anerkanntes, ehrenamtliches Betätigungsfeld in dem sich zunehmend viele Frauen engagierten, so auch Alice Salomon (1872-1948) als höhere Tochter einer jüdischen Kaufmannsfamilie. Sie folgt im November

1893 einem Gründungsaufruf zur Mitarbeit in den „Mädchen- und Frauengruppen für soziale Hilfsarbeit“ in Berlin. Damit beginnt ein Engagement, das sie zu einer der bedeutendsten Wegbereiterinnen der professionellen Sozialen Arbeit in Deutschland macht.

Die Unterschiedlichkeit von Frau und Mann, im Sinne verschiedener „Geschlechtscharaktere“ (Hausen 1976), die sich im 18. und 19. Jahrhundert im Zuge gesellschaftlicher Industrialisierungs- und Rationalisierungsprozesse herausgebildet haben, werden von der bürgerlichen Frauenbewegung und auch Alice Salomon ausdrücklich und positiv betont, gleichzeitig wird aber die Gleichwertigkeit des weiblichen und männlichen Prinzips in der Gesellschaft gefordert. Frauen wird das Prinzip der „Mütterlichkeit“ zugeschrieben, was bereits von Pestalozzi, Fröbel und Henriette Schrader-Breymann im Kontext der Kindergartenerziehung entwickelt worden war. Die Grundgedanken dieses Mütterlichkeitsprinzips finden sich im folgenden Zitat von Alice Salomon aus einem Text von 1901, „Die Frau in der sozialen Hilfstätigkeit“, der im „Handbuch der Frauenbewegung“, herausgegeben von Helene Lange und Gertrud Bäumer erschien:

„Besitzt die Frau doch eine Reihe von Fähigkeiten, die sie zur Ausübung sozialer Hilfstätigkeit nicht nur ebenso tüchtig, sondern sogar geeigneter machen, als es der Mann ist, und das hat sie von jeher auf diese Arbeitsfelder geführt. Neben all den Eigenschaften, die Mann und Frau im gleichen Maße besitzen können, neben Pflichttreue, Eifer, Ausdauer und Zuverlässigkeit, bringt die Frau für diese Arbeitsgebiete noch ihr ausgeprägtes Gefühlsleben mit; ihre allesverstehende Milde und Nachsicht, die bei der Arbeit an Mutlosen, bei der Aufrichtung von Verzweifelten und Gesunkenen so wertvoll ist; ihre Sorgfalt und Gewissenhaftigkeit bei der Verrichtung auch kleiner, unbedeutender Aufgaben, die für die Organisationsarbeiten von größtem Vorteil ist; schließlich ihre Mütterlichkeit, die Fähigkeit, die Mutterliebe vom Haus auf die Gemeinde zu übertragen, auf die Welt, die dieser Kräfte so dringend bedarf“ (Salomon 1901, 5, zit. n. Riege 1996, 29).

Die Vorstellung von „natürlichen“, spezifisch weiblichen Eigenschaften war mit dem Gedanken verbunden, dass Frauen zur „Mütterlichkeit“ befähigt sind, auch wenn sie selbst nicht Mutter sind. Die

„geistige Mütterlichkeit" konnte entsprechend von allen Frauen ausgeübt werden und sollte dem Wohle der Menschheit dienen. Dass diese Potentiale von Frauen einer Förderung und Weiterentwicklung durch eine Ausbildung bedürfen, war schon in den Kursen der ersten „Gruppen" angelegt. Soziale Arbeit galt, wie in dem obigen Zitat von Alice Salomon deutlich wird, als eine Berufung von Frauen zum Dienst an der Gesellschaft, zur Unterstützung von einzelnen Hilfebedürftigen.1908 gründete Alice Salomon auf dem Gelände des Pestalozzi-Fröbel-Hauses in Berlin-Schöneberg eine soziale Frauenschule mit einer zweijährigen Ausbildung. Sie sollte Kenntnisse und Fähigkeiten sowie eine soziale Gesinnung vermitteln, zu einer moralisch-ethischen Grundhaltung erziehen und gleichzeitig Persönlichkeitsbildung der (bürgerlichen) Frauen sein. Mit dieser Ausbildung an Sozialen Frauenschulen und den späteren Wohlfahrtsschulen in der Weimarer Republik beginnt die Qualifizierung Sozialer Arbeit in Deutschland auf sozialwissenschaftlichen Grundlagen, aber hierarchisch unterhalb der Universitäten gelegen. Die Integration von Männern in die Ausbildung und in das Berufsfeld Sozialer Arbeit vollzog sich später im Kontext des Reichsjugendwohlfahrtsgesetzes, das im April 1924 in Kraft trat.

Während des ersten Weltkriegs führte der Mangel an männlichen Arbeitskräften zu einer Mobilisierung von Frauen in der Landwirtschaft, in den Rüstungsfabriken, in Lazaretten und Volksküchen. „Unter den Prämissen des Kriegszustandes kam es auch zu einer ‚Mobilmachung' der bürgerlichen und proletarischen Frauen für den Dienst an der Heimatfront, zu einer Aktivierung sozialer Hilfe, die das Maß des bis dahin Entwickelten weit überstieg" (Hammerschmidt 2010, 33). Die Soziale Arbeit erfuhr so, beispielsweise durch den Bedarf an Fabrikfürsorgerinnen in den Fabriken und der Betreuung von Frauen und Kindern in Notlagen, während des Krieges einen enormen Aufschwung. In dieser Zeit wandelte sich die „dienende soziale Arbeit (...) zur Sozialarbeit, in der es weniger um Berufung und Emanzipation als um Erwerbsarbeit ging. Das zeigt sich auch am Aufbau beruflicher Organisationen und rascher Zunahme der Ausbildungsstätten" (ebd.). So wurde 1916 der „Deutsche Verband der Sozialbeamtinnen" und 1917 durch Alice Salomon die „Konferenz der

Sozialen Frauenschulen Deutschlands", der Vorläufer des heutigen Fachbereichstag Soziale Arbeit, gegründet. Nach 1918 wurden die Ausbildung und der Beruf in der Weimarer Republik institutionalisiert und die neu geschaffenen Arbeitsfelder in der Gesundheits-, Jugend- und Familienfürsorge überwiegend mit Frauen besetzt: Soziale Arbeit war ein – gering bezahlter – Frauenberuf geworden. Dabei geht die Aufteilung der Fürsorgetätigkeit in einen Innen- und Außendienst mit einer Geschlechteraufteilung einher: vorwiegend männliche Angestellte/Beamte arbeiten in der Verwaltung im Innendienst, vorwiegend weibliche Fürsorgerinnen im Außendienst. Hier greifen Geschlechterkonstruktionen und Hierarchien im Geschlechterverhältnis ineinander: Der unmittelbare persönliche Kontakt, die Problemermittlung, Unterstützung und Fürsorge obliegt den Frauen, während die Aktenbearbeitung und rechtliche Entscheidung in der Distanz der Verwaltung Aufgabe (und/oder Privileg) der Männer ist. Eine weitere geschlechterbezogene Arbeitsteilung ergab sich aus den, im Reichsjugendwohlfahrtsgesetz festgeschriebenen Aufgaben in der Jugendpflege und der Fürsorgeerziehung. Die hier entstandenen Tätigkeitsfelder im Kontext von Jugendbewegung und Reformpädagogik wurden überwiegend von Männern ausgefüllt und getragen. So stehen die 1920er Jahre für die Etablierung des Frauenberufs als Beruf unter männlicher Leitung, wie es Christoph Sachße (1986) in seinem Buch „Mütterlichkeit als Beruf" formuliert hat. „Als Verdienst der bürgerlichen Frauenbewegung für die Soziale Arbeit bleibt, dass sie die vorangegangenen Formen organisierter Hilfeleistungen zu einer fachlich qualifiziert ausgeführten Dienstleistung mit fürsorglicher Intention weiterentwickelt hat, die über eine staatlich anerkannte Ausbildungsgrundlage verfügt" (Hammerschmidt 2010, S. 39).

Während des Nationalsozialismus sinkt das Ausbildungsniveau an den nach 1933 „Schulen für Volkspflege" genannten Einrichtungen – die von Alice Salomon und anderen eingeführte Methodenlehre und Diagnostik werden gestrichen, Inhalte wie Rassenkunde, deutsche Volkskultur und Erbgesundheitslehre bestimmen das Curriculum (Wendt 2010). Die Idee der geistigen Mütterlichkeit und der guten Mütter des Bezirks geht in die Ideologie des Nationalsozialismus über, sie wird vereinnahmt und von vielen Frauen mitgetragen, was im folgenden Zitat von Karin Windaus-Walser treffend artikuliert wird: „Fürsorgerinnen waren, auf den unteren Hierarchiestufen, aber auch in oberen Verwaltungspositionen, tatkräftig an der Durchführung der nationalsozialistischen Vernichtungsprogramme beteiligt (...). Die ‚geistige Mütterlichkeit', in der Ausbildung zu sozialer Arbeit geschult, war mitnichten ein Hort von Humanität. Es gab Frauen und Männer, die sich gegen den Nationalsozialismus stellten, aber das Geschlecht an sich hatte sich bar jeder Qualität erwiesen, als den Widerstand gegen Barbarei nicht beeinflussende Invariable der menschlichen Existenz" (Windaus-Walser 1991, 384, zit. n. Hasenjürgen 2002, 134).

Jüdische Frauen und Männer, die die Soziale Arbeit in Deutschland seit Beginn des 20. Jahrhunderts mit geprägt haben, politisch verfolgte Pädagoginnen und Pädagogen emigrieren in die USA, so auch Alice Salomon. „Für die fachliche Entwicklung in der Nachkriegszeit sind die Folgen nicht zu unterschätzen, die sich aus dem Umstand ergaben, dass z.B. die entsprechende Generation der Frauenbewegung entweder emigriert war oder angesichts der eigenen Rolle im Nationalsozialismus für die politische und fachliche Entwicklung und den Wiederaufbau der Sozialen Arbeit nicht erneut in Frage kam" (Böhnisch, Schröer, Thiersch 2005, 84). Nach 1945 wird weder in Westdeutschland noch in der DDR an die Traditionen vor 1933 angeknüpft. Der „Neuanfang" im Westen ist durch die in den USA entwickelten Methoden und Konzepte bestimmt, an denen allerdings viele Migrantinnen und Migranten aus Deutschland mitgewirkt haben. Auf die Soziale Arbeit im Exil wird jedoch in der Fachgeschichte kaum Bezug genommen. „Denn in der politischen Kultur im Nachkriegsdeutschland ging es – in der BRD wie in der DDR – nicht darum, die Heterogenität der Sozialpädagogik der 1920er wieder zu beleben" (Böhnisch, Schröer, Thiersch 2005, 85 f.). Die Soziale Arbeit in Westdeutschland findet ihre institutionelle Verankerung 1949 im Grundgesetz im Begriff des Sozialstaats. Wesentliche Aufgaben nach dem Krieg sind die Unterstützung von Kindern, Jugendlichen und Familien im Rahmen von Kriegsfolgen. Im fürsorgerischen Verständnis der 1950er und 1960er Jahre dominiert ein Begriff von sozialer Hilfe, der im Wesentlichen personenbezogen und auf den

Einzelfall ausgerichtet ist. Kritische pädagogische Diskussionen entwickeln sich Ende der 1950er und Anfang der 1960er Jahre. Das Infragestellen von gesellschaftlichen Entwicklungen in der Nachkriegszeit der Bundesrepublik findet in der Folgezeit im Kontext der sozialen Bewegungen statt, wie der Studentenbewegung und der Neuen Frauenbewegung.

Weiterführende Literatur

Hammerschmidt, Peter (2010): Die bürgerliche Frauenbewegung und die Entwicklung der sozialen Arbeit zum Beruf – Ein Überblick. In: Engelfried, Constance/Voigt-Kehlenbeck (Hrsg.): Gendered Profession. Soziale Arbeit vor neuen Herausforderungen in der zweiten Moderne. Wiesbaden, S. 25-42

Sachße, Christoph (1986): Mütterlichkeit als Beruf. Sozialarbeit, Sozialreform und Frauenbewegung 1871-1929. Frankfurt/M.

Schmidbaur, Marianne (2010): Geschlechterdifferenz, normative Orientierungen, Professionalisierung. „Care"-Themen historischer und neuer Frauenbewegungen. In: Bereswill, Mechthild/Stecklina, Gerd (Hrsg.): Geschlechterperspektiven für die Soziale Arbeit. Weinheim und München, S. 19-44

4

4. Die Frauenbewegung der 1970er Jahre und Soziale Arbeit

Im Folgenden wird die Bedeutung der Frauenbewegung der 1970er Jahre für die Soziale Arbeit herausgestellt, denn durch die Frauen- und Mädchenprojekte und Ansätze einer feministischen Sozialarbeit entstehen neue Arbeitsformen, Angebote und Einrichtungen. Wie bereits dargestellt, entwickelt sich aus der Kritik an der männlich dominierten Studentenbewegung Ende der 1960er Jahre in der Bundesrepublik Deutschland eine neue Frauenbewegung. Die alt hergebrachte geschlechtsspezifische Arbeitsteilung innerhalb der gemischtgeschlechtlichen Politikstrukturen wird von den politisierten Frauen in Frage gestellt und nicht mehr kritiklos hingenommen. So gilt der legendäre Tomatenwurf der Sigrid Damm-Rüger auf der Frankfurter SDS-Konferenz 1968 als Symbol für den Beginn der zweiten deutschen Frauenbewegung (Heinrich-Böll-Stiftung und Feministisches Institut 1999). Auf dieser 23. Delegiertenkonferenz des Sozialistischen Deutschen Studentenbundes hält Helke Sander eine Rede, in der sie das Konzept des „Aktionsrates zur Befreiung der Frau" vorstellt und grundsätzliche Fragen zu den unterschiedlichen Bedingungen von Frauen und Männern, sich politisch engagieren zu können, stellt. Als die männlichen Genossen dann ohne Diskussion der Rede von Helke Sander zum nächsten Tagesordnungspunkt übergehen, wirft die Studentin Sigrid Rüger eine Tomate auf einen der theoretischen Köpfe der Studentenbewegung, auf Hans-Jürgen Krahl, und es kommt zu einer langen Diskussion über die Situation der Frauen. In der Folge der Konferenz bilden sich Aktions- und Weiberräte in zahlreichen Universitätsstädten, diese sind der Beginn einer eigenständigen Politik von Frauen (Bitzan 2001, 692f.). In vielen Orten finden sich Selbsterfahrungsgruppen zusammen, in denen Frauen feststellen, dass sie ein gleiches Schicksal teilen: „Die ‚gemeinsame Betroffenheit' von männlicher Gewalt, Zurücksetzung, widersprüchlichen Belastungen und verhinderten Wünschen wirkte als enormer Katalysator, politisch aktiv zu werden, von dieser Warte aus Wirklichkeit neu zu beschreiben und hinter den Erfahrungen eine zusammenhängende Struktur gesellschaftlicher (Macht-)Verhältnisse zu erkennen: das Patriarchat. Mit dem Geschichte gewordenen Slogan ‚Das Private ist politisch' wurde dieser Zusammenhang ins Zentrum feministischer Politik gerückt" (Bitzan 2001, 692).

Die scheinbar selbstverständliche, bürgerliche Arbeitsteilung zwischen Frauen und Männern, die dem Mann die Sphäre der Öffentlichkeit und der Berufswelt zuschreibt und der Frau die Verantwortlichkeit für Kindererziehung, Versorgungs- und Reproduktionsaufgaben – die Sphäre des Privaten –, wird durch die neue Frauenbewegung in Frage gestellt. Das Verhältnis zwischen den Geschlechtern wird zum Politikum und zum Kristallisationspunkt des Feminismus. In der neuen Politik geht es um die Befreiung von männlicher Herrschaft. Durch die offensive Bezugnahme von Frauen auf Frauen soll den Abwertungen durch das Patriarchat entgegengewirkt werden, gleichzeitig fungiert die Bezugnahme auf Frauen als Politikstrategie („Frauen gemeinsam sind stark)" und als Lebenskonzept. Persönliche Autonomie in der eigenen Lebensgestaltung und die Selbstbestimmung über den eigenen Körper sind zentrale feministische Forderungen. Spektakulär und öffentlichkeitswirksam ist beispielsweise die Kampagne der Zeitschrift „Stern" um die freie Entscheidung über Abtreibung unter dem Slogan „Mein Bauch gehört mir".

4.1 Die autonomen Projekte der Neuen Frauenbewegung und deren Weiterentwicklung

Mit der Entwicklung neuer Organisations- und Politikformen bildeten sich eine Vielzahl von Projekten aus, die eine feministische Infrastruktur schafften, mit der sich Frauen auf Frauen beziehen und gegenseitig unterstützen konnten. Es entstanden Frauenzentren, Frauencafés und -buchläden, Frauenbildungseinrichtungen, Anlauf- und Beratungsstellen, Frauenhäuser, Zufluchtsstellen für Mädchen und Mädchenarbeitsprojekte. Die Gegenstandsbereiche der feministischen Projekte lassen sich zu vier Themenblöcken zusammenfassen: Gewalt gegen Frauen, Kultur und Bildung, Gesundheit und Mädchen (Bitzan 2001), die im Folgenden skizziert werden.

Gewalt gegen Frauen: „Bis zum Beginn der neuen Frauenbewegung um 1970 war Gewalt gegen Frauen eigentümlich unsichtbar und so auch im wahrsten Sinne des Wortes namenlos. (...) Mit der Bildung der neuen Begriffe ‚Gewalt gegen Frauen' und ‚Männergewalt' lösten sich die vielfältigen körperlichen und sexuellen Verletzungen aus ihrem bisherigen Hintergrund und standen im grellen Licht der moralischen Verurteilung sichtbar für alle" (Hagemann-White 1993a, 57). Durch die neue Frauenbewegung veränderte sich das öffentliche Bewusstsein, zum ersten Mal wurde Gewalt als ein gesellschaftliches Verhältnis thematisiert, das mehr ist als individuelle Übergriffe einzelner Männer gegenüber einzelner Frauen. Kennzeichnend für die Handlungsorientierung der feministischen Gewaltdiskussion war die Gründung von Gruppen und Vereinen, die sich ‚Frauen helfen Frauen' oder ‚Frauen gegen Männergewalt' nannten und Möglichkeiten des Schutzes und der Unterstützung für betroffene Frauen und Mädchen in Frauen- und Mädchenhäusern, Beratungsstellen und Notrufen anboten. Die ersten Frauenhäuser in Westdeutschland wurden 1976 in Berlin und Köln gegründet, die ersten Notruf-Beratungsstellen für vergewaltigte Frauen nahmen 1977 ihre Arbeit auf. Bereits 1981 erscheint der Abschlussbericht der wissenschaftlichen Begleitung des Modellprojektes Frauenhaus Berlin (Hagemann-White et al. 1981) unter dem Titel „Hilfe für mißhandelte Frauen". Die Einrichtungen wurden in der Anfangszeit häufig gegen heftigen parteipolitischen Widerstand gegründet, zum überwiegenden Teil ohne jegliche öffentliche Unterstützung und oft jahrelang mit viel unbezahltem Engagement von Frauenhausinitiativen aufrechterhalten. Frauenhäuser bieten von Gewalt betroffenen Frauen und ihren Kindern Unterkunft, Beratung und unterstützende Begleitung mit dem Ziel, eine neue Lebensperspektive zu entwickeln. Neben der Verbesserung der persönlichen und rechtlichen Situation von Frauen und ihren Kindern haben die Mitarbeiterinnen von Frauenhäusern es sich zur Aufgabe gemacht, die Öffentlichkeit für die gesellschaftlichen und individuellen Folgen von Gewalt gegen Frauen in ihren verschiedenen Erscheinungsformen zu sensibilisieren und die Ächtung von Gewalt voranzutreiben. Aufklärungskampagnen, Sensibilisierungs- und Bildungsmaßnahmen und die Stärkung von Frauen gehören als präventive Aufgaben seit der Gründungsbewegung zum Selbstverständnis der Arbeit von Frauenhäusern. Heute gibt es ca. 370 Frauenhäuser in Deutschland, davon sind gut ein Drittel der Einrichtungen autonom und knapp zwei Drittel in verbandlicher Trägerschaft von Wohlfahrtsverbänden und Kirchen (Brückner 2010).

Kultur und Bildung: Die Neue Frauenbewegung richtete ihr Augenmerk auch auf das Fehlen von Frauen in Geschichte, Politik, Kunst und Kultur. Zur Aufdeckung von verschütteten und verschwiegenen weiblichen Vorbildern und zur gegenseitigen Wertschätzung und Bezugnahme von Frauen gründeten sich wiederum eine Vielzahl von Projekten: Frauenverlage und -buchläden, Frauenbibliotheken und -archive, Frauencafés, Frauenmuseen, Frauenferienhäuser etc. Lesbische Frauen traten an die Öffentlichkeit, gründeten Gruppen und unterstützten Frauen u.a. beim Coming Out. Im Kontext feministischer Bildungsarbeit entstanden allgemeinbildende Angebote und berufliche Projekte für Frauen und Mädchen. Prominente Beispiele für neue Veranstaltungsformen waren die Berliner FrauenSommeruniversität und die Hamburger Frauenwoche. Die Projekte und Arbeitsformen der neuen Frauenbewegung haben maßgeblich zur Entwicklung neuer Ansätze in der Frauenbildungsarbeit beigetragen. So wurde beispielsweise das Prinzip der Selbsterfahrungsgruppen von Einrichtungen der Erwachsenenbildung aufgegriffen und als Frauengesprächskreis angeboten und es gab spezifische Bildungsangebote für Frauen, Frauenforen und Frauenprogramme. Bildungsarbeit sollte zur Partizipation und Veränderung beitragen, was in Namen von Einrichtungen wie „Frauen lernen gemeinsam" oder Veröffentlichungen wie „Frauen lernen ihre Situation verändern" (Jurinek-Stinner/Weg 1982) zum Ausdruck kommt. Diskutiert und in Frage gestellt wurde aber auch, ob sich Ungleichheitsstrukturen durch Bildungsarbeit abbauen lassen (Schlüter 2004). Auf jeden Fall hat Frauenbildungsarbeit die Themen, Methoden und Veranstaltungsformen von Bildungsarbeit verändert: „Im Laufe der 30-jährigen Entwicklung (Derichs-Kunstmann 2000 u. 2001) sind viele Themen, die ehemals ausschließlich in der Frauenbildung diskutiert wurden, in anderen Angeboten aufgegriffen worden und Elemente der Methodik sind aus der Frauenbildungsarbeit übernommen worden. In der Weiterbildung gibt es bei vielen Einrichtungen nicht mehr die Kluft zwischen den Angeboten, die von Männern wahrgenommen werden und den spezifischen Frauenbildungsangeboten" (Derichs-Kunstmann 2005, 5). Gleichwohl sind Fragen nach der Selbstverständigung, nach unterschiedlichen oder gemeinsamen Bedürfnissen und Interessen von Frauen und Männern in der Bildungsarbeit heute von Bedeutung, wenn auch mehr unter dem Stichwort Gender Mainstreaming.

Gesundheit: Inspiriert durch Projekte in den USA entstanden feministische Gesundheitszentren, um der Männerherrschaft in der Medizin entgegenzuwirken. Hier ging es um respektvolle Methoden der (Selbst-)Untersuchung, um Menstruationsbeschwerden, Sexualität, Schwangerschaft und nicht schädliche Verhütungsmittel als Alternative zur Pille. Feministische Psychologinnen und Sozialarbeiterinnen/-pädagoginnen gründeten feministische Therapiezentren und Beratungsstellen, die auch heute noch bestehen.

Mädchen: Mädchen sollten neue Möglichkeiten erhalten sich auszuprobieren, sich auf andere Mädchen beziehen können, ohne männlichen Bewertungsmaßstäben, Bevormundungen und Übergriffen ausgeliefert zu sein. Es entstanden Projekte feministischer Mädchenarbeit und mit der zunehmenden Sensibilisierung für sexuellen Missbrauch und Gewalt an Mädchen, Projekte zum Schutz vor und der Bearbeitung von Gewalterfahrungen.

4.2 Feministische Sozialarbeit

Von der Praxis der Frauenbewegung und Frauenarbeit gingen Mitte und Ende der 1970er Jahre Impulse aus, die auch in die Hochschulen getragen wurden. So waren aktive Frauen in der Frauenbewegung häufig auch zugleich Studentinnen, Lehrbeauftragte, Hochschullehrerinnen an Fachhochschulen (Wens 2004, Simmel-Joachim/Schäfer 2005) und Angehörige des akademischen Mittelbaus an Universitäten (Friebertshäuser u.a. 1997). Studentinnen der Sozialen Arbeit forderten geschlechtsspezifische und feministische Perspektiven in ihrem Studium und es entstanden an verschiedenen Hochschulen Studienschwerpunkte oder Projekte (im Rahmen des Projektstudiums) zur „Sozialarbeit mit Frauen und Mädchen", wie an der Fachhochschule Wiesbaden: „Das Studienprojekt, in dem ausschließlich Frauen die Zielgruppe sein sollten und in das ausschließlich Studentinnen zugelassen wurden, hat sich (...) 1982 etabliert. Treibende Kraft war eine Gruppe von Studentinnen, die einen emanzipatorischen Ansatz in der Sozialpädagogik suchten und als Arbeitsprinzip festlegten, ‚sich an der Selbständigkeit von Frauen zu orientieren'. Sie setzten sich von Ansätzen ab, die sie wie etwa im Jugendamt als ‚etablierte, kontrollierende Sozialarbeit' auszumachen glaubten" (Simmel-Joachim/Schäfer 2005, 16).

Die hier angedeutete Abgrenzung von etablierter Sozialarbeit führte in den folgenden Jahren zur Fundierung und Professionalisierung von feministischer Projekt- und Sozialarbeit in den selbstorganisierten und basisdemokratischen Initiativen. Diese hatten als innovative politische Projekte mit einer doppelten Zielsetzung begonnen: Es ging einerseits um die Schaffung eigener Frauenräume und praktische Unterstützung für Frauen und andererseits um die Sensibilisierung der Öffentlichkeit für die gesellschaftlich verursachten Probleme von Frauen. Adressatinnen und Adressaten der Projekte waren also gleichzeitig (betroffene) Frauen sowie die Öffentlichkeit und die Politik. In diesem Spannungsfeld von Frauenbewegung und professioneller Arbeit entwickelten sich in den 1980er Jahren zentrale Prinzipien feministischer Sozialarbeit, die sich in den Begriffen Betroffenheit, Parteilichkeit, Ganzheitlichkeit und „an den Stärken ansetzen" abbilden (Brückner 2002, 369ff.). Der Begriff der Betroffenheit spiegelt die Anfangszeit der Projekte und die Aufbruchsstimmung der Frauenbewegung wider. So stand die Postulierung einer „gemeinsamen Betroffenheit“ von Frauen für die Annahme eines gemeinsamen Erfahrungshintergrunds, der Erfahrung von männlicher Vorherrschaft und dem Ziel, diese zu überwinden. „Bezogen auf die Arbeit mit Frauen und Mädchen steht Betroffenheit für einen gemeinsamen Erfahrungshintergrund (...), der eine besondere Verständigung und Nähe ermöglicht und Gleichheit gegenüber Differenz betont. Der Ansatz an dem Gemeinsamen unter Frauen fördert den Hilfeprozess im Sinne eines Signalisierens von Verständnis, solange der Sozialarbeiterin bewusst ist, dass die Gemeinsamkeit jeweils aktiv hergestellt und deren Grenze deutlich bleiben muss“ (Brückner 2002, 370). Parteilichkeit wird von allen Projekten als wichtigstes Prinzip definiert, als das uneingeschränkte und solidarische Engagement für die Interessen von Mädchen und Frauen. Ganzheitlichkeit als Prinzip zielte darauf, Problemlagen nicht isoliert zu betrachten, sondern im Kontext des Lebenszusammenhanges. Dementsprechend sollten individuelle Probleme im gesellschaftlichen Bedingungszusammenhang verstanden werden. Soziale Arbeit sollte die Stärken von Frauen und Mädchen mobilisieren und Frauen und Mädchen in einem eigenständigen Lebensentwurf unterstützen. Die Arbeitsformen feministischer Sozialarbeit und die Umsetzung von basisdemokratischen Prinzipien im Team als Kern von Projektarbeit waren mit Idealen und Ansprüchen verbunden, die nicht immer eingelöst werden konnten (Brückner/Holler 1990). Die Erfahrungen in den Projekten führen zu einem Wandel, der mit der finanziellen Absicherung und einer Qualifizierung und Professionalisierung der Arbeit einhergeht. So haben sich feministisch ausgerichtete Angebote weiterentwickelt, es wurden nach 1990 in Ostdeutschland neue Projekte initiiert und es gibt bis heute eine große Zahl von Projekten, die sich den Anliegen der zweiten Frauenbewegung zugehörig fühlen.

4.3 Die aktuelle Situation von Frauenprojekten

Frauenprojekte haben sich in den vier genannten Themenfeldern erfolgreich etabliert, die Angebote und Arbeitsformen ausdifferenziert und professionalisiert. Durch die Einsparungen von Landeszuschüssen und Einschnitten in den kommunalen Haushalten ist die Finanzierung vieler Projekte aber (immer wieder) bedroht. Eine zentrale Aufgabe besteht also in der finanziellen Absicherung der Projekte. Für viele Frauenprojekte stellt sich außerdem das Problem, dass die Angebote von vielen Frauen als reine Serviceeinrichtungen genutzt werden. „Eine wesentliche Aufgabe wird es in Zukunft deshalb sein, das persönliche Engagement von Frauen in den Projekten zu fördern (...). Hinzu kommt, dass sich die durch die Frauenbewegung und ihre Projekte initiierten Diskurse und Themenstellungen in bestehende gesellschaftliche Organisationen und Institutionen, wie beispielsweise Gewerkschaften oder kommunale Verwaltungen, hinein vervielfältigt haben, so dass ein weiterer Schwerpunkt in der Arbeit der Frauenprojekte darin bestehen wird, ihren spezifisch feministischen Ansatz weiter auszubauen, zu veröffentlichen und nachhaltig einzufordern" (Doderer/Kortendiek 2004, 689). Dazu könnte auch die internationale Vernetzung von Frauenprojekten, -gruppen und -initiativen beitragen. Zusammenfassend lässt sich festhalten, dass Ansätze und Projekte der Frauen- und Mädchenarbeit aus der Sozialen Arbeit nicht mehr wegzudenken sind. Durch die Frauenbewegung und die Frauenprojekte wurden Bedürfnisse, Interessen, Lebenslagen, Unterstützungsbedarf und Selbsthilfepotentiale von Frauen und Mädchen thematisiert und vertreten, kreative und innovative Projekte und Arbeitsformen entwickelt. Diskurse und Arbeitsansätze, die durch Frauenprojekte thematisiert und veröffentlicht wurden, sind in unterschiedlicher Form in allen Feldern der Sozialen Arbeit zu finden.

Weiterführende Literatur

Brückner, Margrit (2010): Erfolg und Eigensinn. Zur Geschichte der Frauenhäuser. In: Bereswill, Mechthild/Stecklina, Gerd (Hrsg.) (2010): Geschlechterperspektiven für die Soziale Arbeit. Weinheim und München, S. 61-79

Friebertshäuser, Barbara/Jakob, Gisela/Klees-Möller, Renate (Hrsg.) (1997): Sozialpädagogik im Blick der Frauenforschung. Weinheim

Lenz, Ilse (Hrsg.) (2008): Die neue Frauenbewegung in Deutschland. Abschied vom kleinen Unterschied. Eine Quellensammlung. Wiesbaden

5

5. Geschlechterhierarchien in der Sozialen Arbeit

Bevor in diesem Kapitel die Bedeutung von Geschlecht in der Sozialen Arbeit diskutiert wird, werden zunächst wichtige allgemeine Aussagen zur Ungleichheit zwischen Frauen und Männern im Erwerbsleben auf dem Arbeitsmarkt getroffen. In der Berufsarbeit existiert eine horizontale Segregation, das heißt Frauen und Männer üben verschiedene Berufe aus. So überwiegt in vielen Berufen das eine oder andere Geschlecht und es haben sich Frauen- und Männerdomänen in der Geschichte der Erwerbsarbeit entwickelt, die bis heute existieren. Darüber hinaus arbeiten Frauen und Männer in unterschiedlichen Positionen und auf verschiedenen Hierarchieebenen in diesen Berufen, in diesem Zusammenhang wird von vertikaler Segregation gesprochen. Die durchschnittliche Erwerbsarbeitszeit, das Volumen von Erwerbsarbeit im gesamten Lebensverlauf, ist bei Frauen geringer als bei Männern (gender time gap). Diese Ungleichheit in der Erwerbsarbeit führt zu Unterschieden beim Stundenlohn für vergleichbare Arbeit (gender pay gap), beim Jahreseinkommen und bei den Rentenansprüchen aus eigener Erwerbstätigkeit (Allmendiger 2010, 12). Geschlecht ist demnach eine zentrale Kategorie von Ungleichheit und Differenz in der Erwerbsarbeit. So werden im Folgenden zunächst Erkenntnisse aus der Frauen- und Geschlechterforschung zur Geschlechterungleichheit in der Erwerbsarbeit skizziert. Danach werden Fragen nach Hierarchie und Differenz in der Sozialen Arbeit gestellt und aktuelle Debatten zu Fürsorge- und Sorgetätigkeiten *(care)* aufgegriffen.

Forschungen der Frauen- und Geschlechterforschung machen sichtbar, wie das Berufssystem Geschlechterungleichheit herstellt und wie der Berufsbereich zur Reproduktion der Geschlechterverhältnisse beiträgt. Die Fakten zu Geschlecht und Beruf, die sich auf spezifische Art und Weise auch in der Sozialen Arbeit und in den personenbezogenen Dienstleistungen zeigen, lassen sich folgendermaßen zusammenfassen:

- Frauen und Männer nehmen in der Erwerbsarbeit trotz gleicher Qualifikation unterschiedliche Positionen ein.
- Frauen und Männer sind sehr ungleich in Berufen und Professionen vertreten – was sich in einer Aufteilung von Frauen-, Männer- und Mischberufen zeigen lässt.
- Im Berufsbildungssystem ist bereits eine Trennung zwischen den Geschlechtern angelegt. Die Trennlinien verlaufen innerhalb der Ausbildungsberufe des Dualen Systems und zwischen Berufsausbildungen im Dualen System und schulischen Ausbildungen.
- Die Bezahlung ist in den mehrheitlich von Männern besetzten Berufen höher als in den von Frauen dominierten Berufen.
- Frauen erhalten eine geringere Entlohnung als ihre männlichen Kollegen – dies gilt selbst bei gleicher Qualifikation und im gleichen Beruf und zeigt sich erst im direkten Vergleich.
- Frauen verdienen unabhängig vom Berufstypus weniger als Männer, „werden später befördert und haben selbst als Führungskraft weniger Personalverantwortung als Männer" (Teubner 2004, 432).
- Frauenberufe haben gemeinsame Merkmale: Sie sind gekennzeichnet durch geringe Verdienstmöglichkeit, die Konzentration in den niedrigen Besoldungsgruppen, unzureichende Laufbahnmuster und Sackgassen und einen niedrigen gesellschaftlichen Status.

Diese Fakten verweisen auf die geschlechterhierarchischen Strukturen des Arbeitsmarktes und des Berufssystems, also auf gesellschaftliche Strukturzusammenhänge. Sie sind gleichzeitig verknüpft mit der Entwicklung und Bewertung von Tätigkeiten und mit Männlichkeit und Weiblichkeit. Das heißt, Tätigkeiten und Aufgaben, die in Berufen ausgeübt werden, sind mit Geschlechterbildern verbunden, die häufig das jeweils andere Geschlecht ausschließen. Muskelkraft, Verstand, Sachlichkeit wurde und wird mit männlichen Tätigkeiten assoziiert, Versorgung, Pflege, Erziehung und feinmotorisches Geschick den Frauen zugeordnet. Diese geschlechtlichen Codierungen gehen mit Zuordnungen zu Berufen einher, die – wie beschrieben – ungleiche Strukturen des Arbeitsmarktes abbilden und reproduzieren.

Gleichzeitig lässt sich mit der Perspektive von Geschlecht als sozialer Konstruktion aber auch zeigen, dass Differenz und Hierarchie der Geschlechter Effekte der geschlechtlichen Arbeitsteilung sind. Frauen und Männer werden zu ungleichen und verschiedenen Gesellschaftsmitgliedern, weil und indem sie Verschiedenes tun und weil das, was sie tun, unterschiedlich bewertet wird (Wetterer 2009). Mit dieser Betrachtung der Wirkung von Konstruktionen wird deutlich: Jede Arbeit kann im Prinzip entweder zur Frauen- oder zur Männerarbeit werden, wenn Arbeitsinhalte und deren Nähe zu stereotypen Geschlechterbildern Umdeutungen erfahren. „Ändert sich die Geschlechterdominanz in einem Beruf, wird aus einem Männerberuf ein Frauenberuf oder umgekehrt, dann geht mit diesem Wandel ein Deutungsprozess einher, in dem symbolisch die neue, je spezifische Passung von Berufsarbeit und Geschlechtszugehörigkeit hergestellt wird. Ganz offensichtlich verläuft dieser Prozess hoch selektiv und willkürlich und gewinnt seine Plausibilität häufig erst nachträglich nach vollzogener Resegregation (...)" (Teubner 2004, 433).

Diese Umdeutungen in den Tätigkeiten gehen einher mit veränderten Bewertungen des gesellschaftlichen Statusgefüges der Berufe. Statusniedrige Tätigkeiten werden zur Frauenarbeit, „Arbeiten, die Frauen tun, [sind] solche, die Männer nicht tun wollen, also übrig lassen", hat Ursula Rabe-Kleberg (1993, 135) festgestellt: „Das wird schon an der Tatsache deutlich, dass bislang nur in Ausnahmen

Männer in Frauendomänen eingedrungen sind, von einer ‚Maskulinisierung' von Frauenberufen kann nicht die Rede sein. Das Wort ‚übrig lassen' ist in unterschiedlicher Weise zu gebrauchen, nämlich dann, wenn Männer in neue Arbeitsplätze wandern und ihre bisherigen den Frauen überlassen, diese in der Regel aber die schlechteren Arbeitsplätze sind, die so den Frauen zuwachsen; wenn durch Rationalisierung Arbeitsplätze unterhalb der männlichen Hierarchie geschaffen werden, auf denen Frauen zugelassen werden" (Rabe-Kleberg 1993, 135 f.).

Das Vordringen von Frauen in einen bislang männlich dominierten Beruf ist, das haben die Forschungen zum Geschlechtswechsel von Berufen gezeigt, mit einem Status- und Ansehensverlust des jeweiligen Berufes verbunden. Das zeigt sich in Deutschland beispielsweise an den Berufen des Friseurs, des Sekretärs, des Buchhalters und des Grundschullehrers, die lange Männerberufe waren, was kaum noch im öffentlichen Bewusstsein ist, gelten doch die Sekretärin, die Grundschullehrerin und die Friseurin heute als typische Frauenberufe. „Ihre Beruflichkeit ist überlagert von Querverweisen zu traditionellen Frauenaufgaben und -bereichen wie z.B. Ästhetik als Aufgabe der Frauen, Umgang mit (kleinen) Kindern als Interesse und Kompetenz von Frauen" (Teubner 2004, 433). Ein hoher Anteil von Frauen in einem Beruf ist also mit einer Abwertung verbunden, umgekehrt führt ein erhöhter Anteil von Männern in Frauenberufen zu einem Statusgewinn. Im Hinblick auf die gegenwärtigen Diskussionen um die Erhöhung des Männeranteils in der Ausbildung zum Erzieher und in Kindertagesstätten ist noch offen, welche Entwicklung der Beruf der Erzieherin oder des Erziehers nimmt.

An dieser Stelle soll noch auf zwei Phänomene hingewiesen werden, die sowohl im Prozess des Geschlechtswechsels in Berufen als auch in Hierarchien von Organisationen festgestellt werden. Frauen stoßen in männlich dominierten Berufen und Organisationen häufig auf Widerstand, im Hinblick auf die Aufstiegs- und Karrieremöglichkeiten wird von einer gläsernen Decke, der *glass ceiling*, gesprochen. Damit werden Diskriminierungsstrategien thematisiert, die nicht immer sichtbar sind. Für Männer in frauendominierten Berufen und Organisationen lassen sich dagegen verdeckte Vorteile feststellen, die einen Aufstieg innerhalb einer Organisation ermöglichen, was Christine Williams (1992), eine US-amerikanische Soziologin mit dem Begriff des *glass escalotor*, des gläsernen Fahrstuhls beschrieben hat.

Die Erkenntnisse aus der Frauen- und Geschlechterforschung sind für die Soziale Arbeit interessant, es gibt aber bislang kaum Forschungen zu Geschlechterhierarchien, zur vertikalen und horizontalen Segregation in diesem Beruf. Das betrifft sowohl quantitative als auch qualitative Untersuchungen. Wir wissen wenig über die Geschlechterverteilung und Hierarchien in den unterschiedlichen Feldern Sozialer Arbeit, wie viele Frauen und Männer arbeiten in welcher Position beispielsweise im Strafvollzug oder in der Bewährungshilfe, in der Wohnungslosenhilfe, in der Sozialpädagogischen Familienhilfe, in der Suchtarbeit, in der Offenen Kinder- und Jugendarbeit? Wahrnehmungen und Deutungen von Segregation in der Sozialen Arbeit durch Professionsangehörige, berufliche Werdegänge von Frauen und Männern in der Sozialen Arbeit im Hinblick auf Hierarchie und Geschlechterdifferenz zu untersuchen, wäre eine weitere wichtige Forschungsaufgabe.

5.1 Hierarchie und Differenz in der Sozialen Arbeit

Die Soziale Arbeit ist immer noch eine Domäne der Frauen, das verdeutlicht ein Blick auf die vorhandenen Zahlen aus der Kinder- und Jugendhilfestatistik, die verschiedene geschlechtsdifferenzierte Daten enthält. Der größte Beschäftigungsbereich mit zwei Dritteln aller Beschäftigten der Kinder- und Jugendhilfe ist die Kindertagesbetreuung, hier sind 96,2 % der Beschäftigten weiblich (Fendrich u.a. 2006). Im restlichen Drittel der anderen Arbeitsfelder liegt der Frauenanteil bei 68 % der Beschäftigten. Frauen in der Sozialen Arbeit arbeiten verstärkt Teilzeit. Außerhalb der Kindertagesbetreuung sind 48 % der hauptberuflich tätigen Frauen teilzeitbeschäftigt. Männer arbeiten weiterhin eher Vollzeit (Klein/Schnabel 2007 und Fendrich u.a. 2006). Eine vergleichbar strukturell ungleiche Verteilung wie für die Teilzeitarbeit zeigt sich auch auf der Ebene der Leitungspositionen. Zwar sind 95 % der Leitungen von Kindertageseinrichtungen Frauen, in den übrigen Einrichtungen der Kinder- und Jugendhilfe ist jedoch die Leitung mit 55 % mehrheitlich männlich (Fendrich u.a. 2006). Cloos und Züchner (2002), gehen in ihrer Analyse des Personals in der Sozialen Arbeit von einem Frauenanteil von unter 40 % bei Jugendhilfeplanungs- und Leitungsaufgaben aus (Cloos/Züchner 2002, 719f.). Zusammengefasst lässt sich für die Daten aus der Kinder- und Jugendhilfestatistik festhalten: Rund zwei Drittel der Sozialarbeiterinnen und -arbeiter sowie Sozialpädagoginnen und -pädagogen sind Frauen und ein Drittel Männer, dieses Verhältnis dreht sich für die Leitung und Planung fast um: Knapp zwei Drittel der Leitungs- und Planungspositionen sind mit Männern und gut ein Drittel mit Frauen besetzt (ebd., Fendrich u.a. 2006).

Betrachtet man das gesamte Spektrum der sozialpädagogischen Berufe, wird deutlich, dass der Frauenanteil in den jeweiligen Qualifikationsgruppen sehr ungleich verteilt ist. So sind Kinderpflegerinnen und Krankenpfleger fast ausschließlich Frauen, bei Diplom-Pädagoginnen und Diplom-Pädagogen sind es nur noch 57 %. Der Frauenanteil in den Positionen der Kinder- und Jugendhilfe ist am höchsten in den Berufen mit der niedrigsten formalen Qualifikation. Das heißt, der Anteil der Geschlechter hängt auch vom formalen Ausbildungsniveau ab: je höher das Niveau der Ausbildung, umso höher ist der Männeranteil. „Mit anderen Worten: Je niedriger die formale Qualifikation, je eher der Ausbildungsabschluss einem sozialpädagogischen Kernberuf entspricht und je geringer die Entscheidungsbefugnisse und Verantwortungsbereiche sind, desto mehr Frauen finden sich in diesen Positionen in der Kinder- und Jugendhilfe außerhalb der Kindertageseinrichtungen“ (Züchner/Cloos 2010, 948). Die Kindertageseinrichtungen bilden mit dem hohen Anteil von 95 % weiblichen Leitungskräften eine Ausnahme in der Kinder- und Jugendhilfe.

Im Vergleich von Arbeitsfeldern der Kinder- und Jugendhilfe als auch in Vergleichen von Handlungsfeldern in einzelnen Jugendhilfebereichen zeigen sich unterschiedliche Geschlechterverteilungen: Je älter die Klientinnen und Klienten, desto niedriger ist der Anteil von Frauen in den jeweiligen Arbeitsfeldern (Fendrich u.a. 2006): „Während in Krippen, Kindergärten oder auch Kindertageseinrichtungen mit altersgemischten Gruppen für Kinder bis zur Einschulung, also insgesamt in der Kleinst- und Kleinkinder rund 3 % Männer arbeiten, liegt ihr Anteil im Hort mit 10 % schon deutlich höher. (...) In der Jugendarbeit oder Jugendsozialarbeit ist der Männeranteil mit nicht ganz 43 % bzw. 39 % noch sehr viel höher" (Fendrich u.a. 2006, 23). Die Altersstruktur der Adressatinnen und Adressaten ist in der Kinder- und Jugendhilfe und auch im schulischen Bereich ein Indikator für die Geschlechterverteilung des Personals.

Soziale Arbeit ist also durch eine horizontale und eine vertikale Geschlechtersegregation bestimmt: Horizontal besetzen Frauen und Männer unterschiedliche Felder, Frauen sind z.B. stärker in den Bereichen „Kinder, Jugend und Familie" anzutreffen, Männer im Bereich „Bewährungshilfe/Strafvollzug" (Fröschl 2001). Frauen arbeiten eher in klientennäheren Bereichen, Männer arbeiten eher in klientenferneren, organisationsbezogenen Bereichen. Arbeitsinhalte und Hierarchien gehen so in der Sozialen Arbeit mit Konstruktionen von Geschlechterdifferenzen einher, mit geschlechterbezogenen Bewertungen von Tätigkeitsfeldern sowie verdeckten und offenen Hierarchisierungen. Die vertikale Segregation zeigt sich in den bereits beschriebenen häufigen Leitungspositionen von Männern in der Sozialen Arbeit.

5.2 Soziale Arbeit, Care und Geschlecht

Frauen- und Geschlechterforscherinnen und -forscher in der Sozialen Arbeit haben die Geschichte und Gegenwart von Sozialarbeit als Frauenberuf ausführlich beschrieben und deutlich gemacht: Der hohe Anteil von Frauen und die historische Verquickung von Frauen zugewiesener und zugeschriebener Arbeit führte und führt zur Abwertung Sozialer Arbeit (z.B. Brückner 2002, 2004; Hasenjürgen 2002, Maurer 1997, Rabe-Kleberg 1993, 1997, Ehlert 2010). In sozialen Berufen lassen sich die Konstruktion von Weiblichkeit und die damit verbundenen Zuschreibungen besonders gut betrachten. Liebe und Zuwendung, Sorge, Fürsorge und moralisches Pflichtgefühl werden ausschließlich mit Weiblichkeit assoziiert und Frauen als Fähigkeiten zugeschrieben.

Um diese Zuschreibungen zu verändern, haben Frauen- und Geschlechterforscherinnen gefordert, Fürsorge als allgemeine soziale Fähigkeit einzuklagen und als geschlechtsunspezifisches menschliches Potential positiv zu besetzen (Rabe-Kleberg 1997, 64). In diese Richtung argumentiert auch Christel Eckhart (2000), wenn sie fordert, dass „Fürsorgliche Praxis als politisches Gestaltungskriterium“ (2000, 18) gesellschaftlich anerkannt werden müsse. Diese Überlegungen finden wir gegenwärtig in der international geführten Diskussion über *Care*, also über sorgende, helfende, pflegende und erziehende Tätigkeiten, wieder. „Die Frage, wer sorgt für wen und wie wird diese Tätigkeit bewertet, bedarf einer neuen gesellschaftlichen Klärung, damit eine aufeinander abgestimmte Form privater und öffentlicher Sorge entstehen kann, die der Vielfalt der Lebensformen und dem Spannungsfeld von Fürsorge und Selbständigkeit Rechnung trägt“ (Brückner 2011, 106). In der *Care*-Perspektive sind alle Menschen sorgebedürftig, am Anfang und am Ende des Lebens und viele auch zwischenzeitlich. Betont wird auch, dass alle Menschen über die grundsätzliche Fähigkeit zur Fürsorglichkeit verfügen. Bedürftigkeit und Abhängigkeit in der Fürsorge als „grundlegende zwischenmenschliche Interdependenz“ seien aber negativ besetzt und stünden einem mit Männlichkeit assoziierten „Ideal der Autonomie“ (Brückner 2011, 106) gegenüber. Das Thema *Care* steht auf jeden Fall auf der Tagesordnung, „wer sorgt für wen“ ist in den westlichen Wohlfahrtsstaaten eine nicht geklärte Frage. „Feministische Sozialpolitikkritik, die Absteckung professioneller Zuständigkeitsfelder und geschlechtertheoretisch fundierte Fragen der Care-Praxis sind die zentralen professionsrelevanten Diskursfelder, die sich im Übergang zur Jahrtausendwende (...) etabliert haben“ (Schmidbauer 2010, 34). Marianne Schmidbauer betont, dass es sich anbiete, mit und an dem *Care*-Konzept weiterzuarbeiten, um Ansätze und Überlegungen zu Sorge und Fürsorge sichtbar zu machen. *Care* betrifft zum einen die unentgeltlichen familialen Leistungen von Frauen in der Kindererziehung und der Kranken- und Altenpflege, das Dienstbotenmodel, der zum Teil illegalisierten Sorgearbeit von Migrantinnen in Privathaushalten sowie die professionell erbrachten Dienstleistungen. Ob und in welchen Bereichen sich eine Verlagerung von Care-Aufgaben von Frauen auf Männer abzeichnet (Sevenhuijsen 2003 in Schmidbauer 2010) oder ob sie weiterhin mehrheitlich von Frauen übernommen werden, bleibt abzuwarten.

Um Aussagen zu Beharrung und Wandel im Bereich der Sorgetätigkeiten treffen zu können, besteht eine Aufgabe darin, im Rahmen der Care-Praxis Geschlechterkonstruktionen und geschlechtsbezogene Codierungen zu untersuchen. Ausgesprochene Zuschreibungen besonderer weiblicher Fähigkeiten zu Hilfe, Erziehung und Pflege im Kontext bestehender Geschlechterdichotomien und Hierarchien finden sich gegenwärtig kaum noch in den Fachdiskursen. Aufgaben, Tätigkeiten und Strukturen haben sich aber nicht grundsätzlich und vollständig gewandelt, so wäre zu untersuchen, wie diese gegenwärtig begrifflich gefasst werden und ob die handelnden Subjekte ihre Handlungsstrategien explizit oder implizit mit Geschlecht zusammenbringen oder nicht.

In diesem Kontext stellt sich abschließend die Frage, welche Männerbilder in der Sozialen Arbeit existieren. Bezieht man hier die Theorie einer „hegemonialen Männlichkeit“ (Connell 1999) mit ein, entwickelt sich das vorherrschende soziale und hegemoniale Konstrukt von Männlichkeit durch die Abwertung und Unterordnungen anderer Männlichkeiten sowie einem (alle Männer betreffenden) kollektiven Überlegenheitsgefühl gegenüber Frauen. Männer in der Sozialen Arbeit unterliegen diesen Konstruktionen von Männlichkeit, in denen das Leitbild eines einfühlsamen, beziehungsorientierten und pflegenden Mannes bis heute fehlt (Hasenjürgen 2002). Vielmehr begegnen Männern im pädagogischen Alltag geschlechtsstereotype Zuschreibungen und Arbeitsanforderungen. Sie übernehmen auch entsprechend handwerkliche und Hausmeistertätigkeiten, sind in der Arbeit mit Kindern für den Sport und die Außenaktivitäten zuständig und werden in Konflikten als besonders geeignet angesehen, Adressatinnen und Adressaten entgegenzutreten (Kasiske u.a. 2006, 36). In solchen Schilderungen geschlechtstypischer Zuschreibungen und Arbeitsaufforderungen im Alltag der Sozialen Arbeit, Pflege und Erziehung zeigt sich so immer noch die Reproduktion der Konstruktion von Zweigeschlechtlichkeit.

Weiterführende Literatur

Hasenjürgen, Brigitte (2002): Profession und Geschlecht – Entwicklungslinien eines Diskurses in der Sozialen Arbeit. In: KFH NW (Hrsg.) Jahrbuch der Katholischen Fachhochschule Nordrhein-Westfalen 2002 – Jahrbuch für Sozialwesen, Gesundheitswesen und Theologie. Münster. S. 128-149

Wetterer, Angelika (2009): Arbeitsteilung & Geschlechterkonstruktion – Eine theoriegeschichtliche Rekonstruktion. In: Aulenbacher, Brigitte/Wetterer, Angelika (Hrsg.): Arbeit. Perspektiven und Diagnosen der Geschlechterforschung. Münster, S. 42-63

Züchner, Ivo/Cloos, Peter (2010): Das Personal in der Sozialen Arbeit. Größe und Zusammensetzung eines schwer zu vermessenden Feldes. In: Thole, Werner (Hrsg.): Grundriss Soziale Arbeit. Ein einführendes Handbuch. 3., überarbeitete und erweiterte Auflage. Wiesbaden, S. 933-954

6

6. Bildung und Geschlecht

Der Zugang zu Bildung sowie die Ausgestaltung und Wahrnehmung von Bildungsangeboten unterliegen vielfältigen Bedingungen. Dies wird bei einem Blick in die Geschichte, in weltweiten Vergleichen, aber auch in aktuellen Diskussionen in Deutschland deutlich. Dabei spielt Geschlecht als Strukturkategorie im Kontext Ungleichheitslagen wie Klasse und Ethnizität und die (sich wandelnden) Konstruktionen von Geschlecht und Zuschreibungen von Weiblichkeit und Männlichkeit im Zusammenhang mit Bildung eine wichtige Rolle. In den bildungspolitischen Debatten der 1960er und 1970er Jahre in Westdeutschland stehen Forderungen nach der Chancengleichheit im Bildungswesen im Mittelpunkt. Bildungsbenachteiligung symbolisiert sich in den fehlenden Chancen „des katholischen Arbeitermädchens vom Lande" – also der Benachteiligung aufgrund von Geschlecht, Schicht, Region und Religion. Diesen Benachteiligungen soll spätestens zu Beginn der 1970er Jahre mit neuen Schulformen und einer individuellen Bildungsförderung von Schülerinnen und Schülern und der Studierenden durch finanzielle Unterstützung, bildungspolitisch entgegenwirkt werden. Mit dieser sogenannten „Bildungsexpansion" sind Benachteiligungen von Mädchen und Frauen sowie Kindern aus ländlichen Gebieten tatsächlich reduziert worden, ein Zusammenhang zwischen sozialer Herkunft und Bildungserfolg oder -misserfolg besteht jedoch noch immer. Seit der Veröffentlichung der ersten PISA-Studie (Programme for International Student Assessment) im Jahr 2000 ist deutlich, dass das deutsche Bildungssystem in Bezug auf die Chancengleichheit seiner Schülerinnen und Schüler sowie in Bezug auf Bildungsarmut besonders schlecht abschneidet. Hier besuchen Kinder aus unteren sozialen Schichten deutlich häufiger Haupt- und Förderschulen als Kinder aus höheren sozialen Schichten und sie sind proportional deutlich weniger auf einem Gymnasium zu finden. Seit den 1960er Jahren ist außerdem die anhaltende Benachteiligung von Kindern und Jugendlichen mit Migrationshintergrund hinzugekommen (Solga/Dombrowski 2009, 13). Die Ergebnisse der PISA-Studien und anderer international vergleichender Untersuchungen, die IGLU-Studien (Internationale Grundschul-Lese-Untersuchung) und TIMSS (Third International Mathematics and Science Study) sowie nationaler Bildungsberichte haben deutlich gemacht, dass Jungen in den allgemeinbildenden Schulen weniger erfolgreich sind als Mädchen. In gegenwärtigen Debatten gelten sie als „Verlierer" im Bildungssystem. Damit hat eine undifferenzierte Diskussion um Jungen und Mädchen als Gruppen eingesetzt, die übergeht, dass Bildungsverläufe nicht nur durch das Geschlecht, sondern vor allem durch die soziale Herkunft bestimmt sind. Ausgeblendet wird außerdem, dass Unterschiede innerhalb der Geschlechtergruppen häufig größer sind als zwischen den Geschlechtern.

Der Diskurs um die „Jungen als Verlierer" ist unter dem Stichwort „Feminisierung der Pädagogik" mit einer Kritik an dem hohen Anteil weiblicher Fachkräfte im Bereich der Kindertagesbetreuung, der Schulpädagogik und der Sozialen Arbeit verbunden. Die Bildungsdebatte steht weiterhin im Kontext der gegenwärtigen Diskussionen über die Krise des Mannes und der Männlichkeit, in dem auch die angeblich prekäre Situation der Jungen sowie der Status und die Bedeutung von Vätern für das Aufwachsen von Kindern thematisiert wird (Pohl 2011). Vor diesem Hintergrund wird in diesem Kapitel zuerst die Diskussion eines neuen Bildungsbegriffs in der Sozialen Arbeit zusammengefasst. Dieses Bildungsverständnis hat in viele Arbeitsfelder Eingang gefunden und wird im am Beispiel von Kindertagesbetreuung und Geschlecht skizziert. Abschließend erfolgt eine kurze Diskussion der verkürzten medialen Diskurse um die Krise der Jungen.

6.1 Bildung und Soziale Arbeit

Auch in der Sozialen Arbeit wird im Anschluss an die Veröffentlichung der ersten PISA-Studie über den Begriff der Bildung diskutiert. Wichtige Impulse für die bildungspolitische Diskussion liefern die sogenannten „Leipziger Thesen", eine gemeinsame Erklärung des Bundesjugendkuratoriums, der Sachverständigenkommission des Elften Kinder- und Jugendberichts und der Arbeitsgemeinschaft für Jugendhilfe unter dem programmatischen Titel „Bildung ist mehr als Schule" (Bundesjugendkuratorium 2002). In dieser Erklärung wird ein erweiterter Bildungsbegriff proklamiert und der Stellenwert anderer Bildungsorte neben der Schule, in der Familie und in der Sozialen Arbeit postuliert: Bildung soll zum Ausgleich sozialer Benachteiligungen beitragen und Geschlechtergerechtigkeit fördern. Ein weiterer wichtiger Impuls für die Soziale Arbeit folgt 2005 durch den 12. Kinder- und Jugendbericht mit dem Titel „Bildung, Betreuung und Erziehung vor und neben der Schule" (BMFSFJ 2005). Hier wird ein Verständnis von Bildung ausbuchstabiert, das fortan die Arbeit in Kindertagesstätten, in der Kinder- und Jugendarbeit, in der Jugendsozialarbeit und den Hilfen zur Erziehung prägt: „Bildung ist ein aktiver Prozess, in dem sich das Subjekt eigenständig und selbsttätig in der Auseinandersetzung mit der sozialen, kulturellen und natürlichen Umwelt bildet. Bildung des Subjekts in diesem Sinne braucht folglich Bildungsgelegenheiten durch eine bildungsstimulierende Umwelt und durch die Auseinandersetzung mit Personen. Bildung erfolgt dabei in einem Ko-Konstruktionsprozess zwischen einem lernwilligen Subjekt und seiner sozialen Umwelt. (...) Kinder und Jugendliche [sind] als Ko-Produzenten ihres eigenen Bildungsprozesses zu begreifen. (...) In diesem Verständnis hebt sich Bildung als ein offener Prozess von Vorstellungen über Bildung im Sinne einer Allgemeinbildung ab, in der jene gesellschaftlichen Gruppen, die über die Definitionsmacht und die Durchsetzungsfähigkeit verfügen, bestimmen, was als Bildung gelten kann und soll" (Deutscher Bundestag 2005, 83).

Im Zentrum von Bildung stehen demnach das sich selbst bildende Subjekt und seine Interaktionen mit anderen. Auffällig ist, dass in dieser Begriffsklärung die Subjekte, die Kinder und Jugendlichen und die „Personen“ aus der bildungsstimulierenden Umwelt geschlechtsneutral bleiben. In der Diskussion um die Neubestimmung des Bildungsbegriffs wird zwar an verschiedenen Stellen auf die Bedeutung von Geschlecht hingewiesen: immer wenn es um die Berücksichtigung von ungleichen Zugangschancen zu Bildung geht, werden soziale Disparitäten, Differenzen nach Herkunft, Migration, Geschlecht und Region erwähnt, es fehlen aber Aussagen zu Geschlechterdifferenzen und -verhältnissen in den Ausführungen. Das erstaunt umso mehr, denn wenn Kinder in hohem Maße als „Agenten ihrer eigenen Sozialisation“ (Gildemeister/Robert 2008, 63) in den Bildungsprozessen gelten, spielt Geschlecht dabei eine wichtige Rolle: Kinder erfahren und lernen die scheinbaren Selbstverständlichkeiten der Geschlechterunterscheidung in dem aktiven Geschehen von Bildung. Die Geschlechtszugehörigkeit, die Selbst-Kategorisierung als Mädchen oder Junge bestimmt das Erleben und Handeln, das Aufwachsen von Kindern bereits in der Kindertagesbetreuung. Dieser institutionelle Kontext in der Auseinandersetzung um Bildung und Geschlecht wird im Folgenden untersucht.

6.2 Kindertagesbetreuung, Bildung und Geschlecht

Ein Bereich, in dem die Auseinandersetzung um ein verändertes Verständnis von Bildung zu starken Veränderungen geführt hat, ist die Kindertagesbetreuung. Alle Bundesländer haben Bildungspläne und -programme verabschiedet sowie Qualitätssicherungsmaßnahmen für die Arbeit in Kindertagesstätten. Eine geschlechterbezogene Arbeit wird dabei an einzelnen Stellen postuliert, in den Bildungsplänen ist aber fast durchgängig von Kindern die Rede und konkrete Vorschläge für eine geschlechtersensible Kindertagesbetreuung werden kaum vorgenommen (Rohrmann 2008, 186 ff.).

Weiterhin wird aktuell die Qualifizierung für die Arbeit in der Kindertagesbetreuung diskutiert. Bei diesen Diskussionen geht es um die Umstrukturierung der Ausbildung zur Erzieherin, die Akademisierung der Ausbildung durch die Einführung der Bachelorstudiengänge „Bildung und frühe Kindheit“, die Qualifizierung von Bachelorabsolventinnen und -absolventen der Sozialen Arbeit oder Sozialpädagogik für den Bereich der Kindertagesbetreuung oder die Spezialisierung in Masterstudiengängen zur frühkindlichen Entwicklung. In den Ausbildungsplänen und Curricula fällt wiederum auf, dass geschlechterreflexive Ansätze und Module weitgehend fehlen (Rohrmann 2008, 368 ff.).

Am Beispiel der Kindertagesbetreuung zeigt sich wie unter einem Brennglas, dass die im zweiten Kapitel vorgenommene theoretische Einordnung von Geschlecht als Strukturkategorie, Geschlecht als soziale Konstruktion und Geschlecht als Konfliktkategorie für das Verständnis von Prozessen sozialer Institutionen und Praxisfeldern hilfreich ist. Der Kindergarten ist eine Institution, in der der Anteil weiblicher Beschäftigter 96,2 % beträgt, 95 % der Kindertageseinrichtungen werden von Frauen geleitet (Fendrich u.a. 2006, 23). In Deutschland liegt der Anteil männlicher Mitarbeiter im pädagogischen Bereich der Kindertagesstätten in den Jahren 2008 und 2009 bei 3 %, dabei sind männliche Praktikanten, Absolventen eines Freiwilligen Sozialen Jahres sowie Zivildienstleistende und ABM-Kräfte mit einem Anteil von insgesamt 0,6 % bereits mitgezählt (bmfsfj 2010, 15; Koordinationsstelle Männer in Kitas 2011). Kindertagesbetreuung ist ein hochgradig mit Weiblichkeit assoziiertes Terrain, auf dem die Zuständigkeit für Kinder an Frauen verwiesen wird. Die mehr oder weniger offene Botschaft lautet: Die Erziehung von (kleinen) Kindern ist Frauensache. Diese gesellschaftliche Arbeitsteilung zwischen den Geschlechtern ist struktureller Bestandteil des Geschlechterverhältnisses, welches auch für die Herausbildung der traditionellen Frauenberufe gilt. Bemerkenswert ist, dass sich diese Struktur nach wie vor in der Berufswahl bzw. der Wahl von entsprechenden Studiengängen zeigt. Welche Motive genau bei der auch gegenwärtig hohen Anzahl von weiblichen Bewerberinnen für den Beruf der Erzieherin, für einen Bachelor in frühkindlicher Bildung und Erziehung oder einen Bachelor in Sozialer Arbeit vorliegen, bedarf weiterer Untersuchungen. Gleichzeitig steht aus, die Gründe für die geringen Bewerbungen von Männern für dieses Berufsfeld empirisch und theoretisch zu fassen.

Der institutionelle Kontext der Kindertagesbetreuung ist also ein strukturell von Frauen dominiertes Tätigkeitsfeld. Welchen Einfluss diese Tatsache auf die Entwicklung und Wahrnehmung von Geschlechterdifferenzierungen der Kinder hat, ist jedoch kaum empirisch belegt, systematische Untersuchungen, wie sich die Arbeit der Fachkräfte in Kindertageseinrichtungen auf geschlechtsbezogenes Verhalten auswirken, liegen bislang noch nicht vor (Rabe-Kleberg 2003, Rohrmann 2008).

Geschlecht als soziale Konstruktion und als Konfliktkategorie geraten in den Blick, wenn wir uns verdeutlichen, dass Kinder von Anfang an und auch schon vor ihrer Geburt durch entsprechende geschlechtsbezogene Zuschreibungen in die Kultur der Zweigeschlechtlichkeit eingebunden sind. Sie müssen lernen sich darin zurechtzufinden. „Zu einem der wichtigsten ‚Bildungsprojekte‘ von Kindern gehört in den ersten Jahren die Formierung ihrer Geschlechtsidentität, die Auseinandersetzung mit den Chancen, den Möglichkeiten und den Begrenzungen der sozialen Norm, sich zu einem und nur zu einem Geschlecht zugehörig zu fühlen“ (Rabe-Kleberg 2003, 65). Kindergartenkinder wissen bereits um die Bedeutung der Unterscheidung der Geschlechter und weisen sich immer wieder gegenseitig auf geschlechtsangemessenes Verhalten hin. Der Prozess des Selbst-Genderings verläuft in der Interaktion, vor allem im Spiel mit den peers als Ko-Konstrukteuren. Kinder wollen im Spiel „wie im Experiment herausfinden, was es bedeutet, ein Junge oder ein Mädchen zu sein, und zwar in allen Facetten des Lebens, und sie sanktionieren ‚falsches‘ nicht geschlechtlich zu identifizierendes Verhalten“ (Rabe-Kleberg 2003, 86).

In der Wahrnehmung und Beschreibung des interaktiven Alltags im Kindergarten herrscht Übereinstimmung, dass Kinderspiele von tiefgreifenden Geschlechtsunterschieden geprägt sind (Gildemeister/Robert 2008, 62ff., Rohrmann 2008). „Ob empirische Untersuchungen zu ‚geschlechtsspezifischem Verhalten‘ oder Praxisberichte über die Herausforderungen des Kindergartenalltags: die Mehrzahl der Beschreibungen folgt dem klassischen Deutungsschema einfach schon dadurch, dass das Verhalten von Mädchen und Jungen einander kontrastiv gegenübergestellt wird. Dadurch werden Geschlechtsunterschiede systematisch überbetont und innergeschlechtliche Variation vernachlässigt“ (Gildemeister/Robert 2008, 66). Die Überbetonung von Unterschieden zwischen Jungen und Mädchen kann zu Ausblendungen und Nichtwahrnehmungen führen, es gibt zahlreiche Untersuchungen, nach denen im Hinblick auf kognitive und sprachliche Fähigkeiten, Leistungsmotivation, Hilfsbereitschaft und Selbstwertgefühl kaum Geschlechterunterschiede festzustellen sind (Gildemeister/Robert 2008, 63). Aus dieser Perspektive erweisen sich Mädchen und Jungen als eher ähnlich und die Unterschiede innerhalb einer Geschlechtergruppe größer als zwischen den Geschlechtern, auch hier differieren Leistungsunterschiede vielmehr nach der sozialen Schicht des Elternhauses als nach Geschlecht. Zu fragen und zu untersuchen bleibt dennoch, was die Wahrnehmung und Selbstsozialisation der Mädchen und Jungen (im Spiel) in gleichgeschlechtlichen und gemischtgeschlechtlichen Gruppen bestimmt und was die Wahrnehmung der Erzieherinnen und Erzieher ausmacht. Kommt im Kindergarten noch eine Differenzierung nach Ethnizität/Kultur hinzu, können neben Doing-Gender und Doing-Class-Prozessen auch noch Doing-Ethnicity-Prozesse die Interaktion bestimmen. Damit ist gemeint, dass Verhaltensweisen der Mädchen und Jungen vor dem Hintergrund ihrer sozialen Herkunft oder ihrem Migrationshintergrund interpretiert werden und Erwartungsunterstellungen die Interaktionen zwischen Erziehern/Erzieherinnen und Kindern bestimmen können. Entscheidend ist die Gefahr, dass Geschlechterkonstruktionen in Verknüpfung mit Konstruktionen als arm, reich, russlanddeutsch, türkisch oder US-amerikanisch den Blick auf das individuelle Kind verstellen können.

Diese Interaktionen, Zuschreibungen und Konstruktionen finden, trotz der verbreiteten Norm und des professionellen Selbstverständnisses von Erzieherinnen und Erziehern, alle Kinder gleich behandeln zu wollen, statt. Für Erzieherinnen und Erzieher sind einerseits die Geschlechterdifferenzierung (und andere Differenzierungen) selbstverständlich, andererseits bemühen sie sich um geschlechtsneutrales Verhalten, um der Gleichheitsnorm zu entsprechen. Mit diesem Anliegen stoßen sie häufig an ihre Grenzen und interpretieren das Verhalten von Mädchen und Jungen dann entsprechend als

Ausdruck grundlegender (Persönlichkeits-)Unterschiede, die auf die Geschlechtszugehörigkeit (in Verknüpfung mit anderen Unterscheidungskategorien) zurückgeführt werden. So werden Weiblichkeit und Männlichkeit letztlich naturalisiert, von Mädchen und Jungen unterschiedliche Verhaltensweisen angenommen und erwartet.

Regine Gildemeister und Günther Robert nennen soziale Praktiken der Grenzziehung, die im Kindergarten als Institution zur Konstruktion und Reproduktion von Geschlechterdifferenzen beitragen: das Ansprechen der Kinder, Funktionsecken und vergeschlechtlichte Terrains im Spiel. Das Ansprechen der Kinder geschieht häufig pauschal in Gruppen, um durch Geschlechtertrennung die Komplexität der Situation zu reduzieren. Dies hat Carol Hagemann-White bereits 1984 in ihrer Expertise mit dem Titel „Sozialisation: Weiblich-männlich?" anschaulich beschrieben: „Anweisungen, Aufforderungen, Spielangebote und Erwartungen, oft auch Lob und Tadel werden pauschal an die Gruppe ‚der Mädchen' oder ‚der Jungen' gerichtet. Damit wird oft nur aufgegriffen, was ‚in der Luft' lag: Hat eine Stunde lang eine Gruppe von Jungen mit Bausteinen und Autos gespielt, so ist es leichter und schneller zu rufen: ‚Jungs, räumt eure Bausteine auf!', als das Prinzip zu verdeutlichen: jedes Kind räumt, bevor es geht, das auf, womit es zuvor gespielt hat. Doch wenn auch der Gebrauch von Ansprüchen an Geschlechtskollektive nur zu verständlich als Reaktion auf das Verhalten der Kinder selbst erscheint, so vermischt sich dies immer mit einem Eigenanteil der Pädagogen/Pädagoginnen, die auch von sich aus die Mädchen oder Jungen kollektiv ansprechen bzw. deren vielleicht nur mehrheitlich oder zufällig geschlechtsgeteiltes Verhalten durch Bennennung verstärken" (Hagemann-White 1984, 64). Dieses Muster ist heute noch weit verbreitet, nicht nur im Kindergarten, auch in der Schule und in der Jugendarbeit.

Die Funktionsecken in den Gruppenräumen der Kindertagesstätten werden häufig geschlechterdifferent (z.B. Bauecken, Puppenecken) genutzt, es entstehen sogar geschlechtsbezogene Räume, deren Zugang kontrolliert, geregelt und sanktioniert werden kann: „Mädchen werden aus der räumlich expansiv genutzten ‚Jungenecke' oft ausgeschlossen, umgekehrt geschieht dies nicht so häufig, da Jungen für die in der Puppenecke stattfindenden ‚Vater-Mutter-Kind'-Rollenspiele benötigt werden" (Gildemeister/Robert 2008, 69). Durch die Auflösung der Funktionsecken kann die Bildung geschlechtsheterogener Spielgruppen gefördert werden, womit sich aber nicht automatisch geschlechtstypische Normierungen durch die Kinder verändern.

Mädchen und Jungen werden in ihrem Spielverhalten in vergeschlechtlichten Terrains unterschiedlich wahrgenommen und bewertet. Das betrifft die (Selbst-)Kategorisierungen der Kinder untereinander als auch die Einschätzungen der Erzieherinnen und Erzieher. Raumgreifendes, aggressives und Grenzen austestendes Verhalten von Jungen gilt einerseits als normal und wird als jungenhaftes Verhalten toleriert. Andererseits stört es die Abläufe und wird in Fallbesprechungen von Kindertagesstätten thematisiert und pathologisiert. Die hinter solchen Umgangsformen liegenden Mechanismen gilt es aufzudecken und zu reflektieren. Dazu gehört auch, sich zu fragen, wie Jungen wahrgenommen werden, deren Verhalten nicht den Konstruktionen von jungenhaftem Verhalten entspricht, und welche Verhaltensspielräume Mädchen zugestanden werden. Diese Fragen verweisen auf eine geschlechterbewusste und geschlechterreflexive Soziale Arbeit, die nicht nur im Bereich der Kindertagesstätten, sondern in allen Arbeitsfeldern von Bedeutung ist (Kapitel 9).

6.3 Verkürzte mediale Diskurse über die Krise der Jungen

Der aktuelle Aufhänger für Fragen nach dem Verhalten von Mädchen und Jungen in Kindertageseinrichtungen ist die proklamierte „Krise der Jungen". Ausgangspunkt für diesen Diskurs um Jungen als die neuen Verlierer im Bildungssystem ist der Vergleich der schulischen Leistungen von Mädchen und Jungen. Diese Debatte über Jungen und Bildung wird mit den Diskursen über „Geschlechterverhältnisse und Migration" und „Jungen und Gewalt" verschränkt. So entstehen polarisierte Bilder von Jungen und Mädchen, die medial verbreitet werden, besonders in den Printmedien, im Fernsehen und im Internet. So würden Jungen kaum noch lesen, stundenlang am Computer sitzen, gewaltverherrlichende Spiele spielen und entsprechend immer gewaltbereiter werden. Im Gegensatz dazu würden Mädchen ihre Freizeit nutzen, um zu tanzen, musizieren und zu basteln. Folgt man diesen Bildern, dann stören Jungen und schaden sich und anderen, und Mädchen gelten als die Braven, die an ihrer Karriere arbeiten.

Die Gründe für das schlechte Abschneiden von Jungen im Bildungssystem werden in der „Feminisierung der Pädagogik" vermutet. Dabei wird ein Zusammenhang hergestellt zwischen dem hohen Anteil von Lehrerinnen und den Schulleistungen von Jungen sowie zwischen weiblichem Unterrichtsstil und auffälligem Verhalten von Jungen (Bundesjugendkuratorium 2009). Die Dominanz von weiblichen Professionellen in Kindergarten und Grundschule werde den besonderen Bedürfnissen von Jungen nicht gerecht. Beispielsweise würden Jungen sich in ihrem Verhalten mehr beweisen, sich körperlich bewegen und austoben wollen, als ihnen von weiblichen Fachkräften ermöglicht würde. Diese Argumente werden häufig biologisch gestützt: die Natur des Jungen wie dessen hormonbedingtes bewegungsbedürftiges Verhalten müsse in der Pädagogik Berücksichtigung finden.

Die so proklamierte „Krise der Jungen" führt zu dem Ruf nach männlichen Vorbildern, es gehe darum, Jungen bei der Suche nach männlicher Identität zu unterstützen. „Jungen brauchen Männer" wird zu einem neuen Paradigma, denn das Fehlen von Vätern in der familiären Erziehung, von Erziehern, Sozialarbeitern und Lehrern fördere bei Jungen ein „Macho-Verhalten", weil konstruktive männliche Vorbilder nicht vorhanden seien. Empirische Belege, beispielsweise dass Jungen bei männlichen Lehrkräften bessere Schulleistungen erbringen, gibt es aber bisher nicht. In einer Stellungnahme des Bundesjugendkuratoriums (2009) mit dem Titel „Schlaue Mädchen – Dumme Jungen? Gegen Verkürzungen im aktuellen Geschlechterdiskurs" wird zusammenfassend festgestellt, dass die unterschiedlichen journalistischen Beiträge zu der Benachteiligung von Jungen aus einem Potpourri von Antworten aus humanwissenschaftlichen, antifeministischen und naturwissenschaftlichen Argumenten (Neurobiologie, Gen-, Gehirn- und Verhaltensforschung) bestehen (Bundesjugendkuratorium 2009, 8). Kritisch wird bewertet, dass der mediale Diskurs bipolare Muster der Zweigeschlechtlichkeit festigt: mit scheinbar eindeutigen und eindimensionalen Aussagen über beide Geschlechter bleibt der Diskurs hinter der Komplexität der gesellschaftlichen Wirklichkeit zurück. Das betrifft sowohl die Zuordnung von Verhaltensweisen, Kompetenzen und Eigenschaften als weiblich oder männlich und die Verallgemeinerung von „den Jungen" und „den Mädchen", in denen keine Differenzierungen vorkommen.

Generell von einer Benachteiligung von Jungen im Bildungssystem zu sprechen, bleibt auch verkürzt, wenn die weiteren Bildungsverläufe von Mädchen und Jungen nicht langfristig in den Übergängen von Ausbildung, Beruf und Studium genau analysiert werden. So holt ein großer Teil der jungen Männer einen Schulabschluss nach, beispielsweise bei der erfolgreichen Beendigung einer Ausbildung. Heike Solga und Rosine Dombrowski (2009) zeigen, dass in der Gruppe der 22-Jährigen 2,7 % der Männer im Unterschied zu 2,1 % der Frauen über keinen Schulabschluss verfügen.

Beim Übergang vom allgemeinbildenden Schulsystem in die berufliche Bildung und in die Hochschule spielen Ungleichheiten aufgrund der sozialen Lage und eines Migrationshintergrunds in den Chancen und der Teilhabe eine ausschlaggebende Rolle. So entscheiden sich beispielsweise studienberechtigte Arbeiterkinder und Kinder aus Familien im Arbeitslosengeld II-Bezug seltener zu einem Studium als Kinder aus höheren sozialen Schichten. Hier fehlen allerdings differenzierte geschlechterbezogene Daten. Im beruflichen Ausbildungssystem zeigt sich, dass die schulischen Vorteile von jungen Frauen beim Übergang in die berufliche Bildung kaum noch zum Tragen kommen. Männliche Jugendliche dominieren im dualen Ausbildungssystem (mit Ausbildungsvergütungen), weibliche Jugendliche im schulischen Ausbildungssystem.

Eine differenzierte Perspektive in der Bildungsdebatte müsste also den Zusammenhang von der Reproduktion sozialer Ungleichheit im Bildungssystem in Verbindung mit Weiblichkeits- und Männlichkeitskonstruktion und langfristigen individuellen Bildungsverläufen in den Blick nehmen. Die plakative Rede von „Verlierern" und „Gewinnerinnen" weckt zudem die Vorstellung eines Wettkampfs zwischen den Geschlechtern und entspricht nicht einer Gleichstellungspolitik, die Geschlechterdemokratie und Chancengleichheit für beide Geschlechter herstellen möchte.

Weiterführende Literatur

Gildemeister, Regine/Robert, Günther (2008): Geschlechterdifferenzierungen in lebenszeitlicher Perspektive. Interaktion – Institution – Biografie. Wiesbaden

Rohrmann, Tim (2008): Zwei Welten? – Geschlechtertrennung in der Kindheit. Forschung und Praxis im Dialog. Opladen und Farmington Hills

Solga, Heike/Dombrowski, Rosine (2009): Soziale Ungleichheiten in schulischer und außerschulischer Bildung. Stand der Forschung und Forschungsbedarf. Arbeitspapier 171, Hans-Böckler-Stiftung, Düsseldorf

7

7. Migration, Geschlecht und Soziale Arbeit

Fragen von Migration und transkulturellen Beziehungen, von Integration, Ausgrenzung und sozialer Ungleichheit sind im 21. Jahrhundert in fast allen Gesellschaften der Erde von hoher Bedeutung. Migration und transkultureller Wandel verweisen auf eine Gemengelage von Vernetzungen und Verknüpfungen unterschiedlicher Phänomene und Begriffsysteme: Klasse/Ökonomie, Rasse/Ethnie, Kultur, Geschlecht, Generationen, Religion, Staatsbürgerschaft(en), Politik und Wertsysteme. Für die Soziale Arbeit ist die Auseinandersetzung mit Fragestellungen und Problemen der Migrationsgesellschaft zentral. Der Umgang mit und die Konstruktion von Fremden, Differenzen der Generationen und Geschlechter, Fragen der Integration und Diskriminierung in Schulen, in Sozialen Diensten, im Gesundheitswesen und der Medienöffentlichkeit sollten zentrale Themen in der Ausbildung im Bereich der Sozialen Arbeit sein. Dies umso mehr, wenn davon auszugehen ist, dass auch „in der sozialen Praxis und unter Studierenden der Sozialen Arbeit die soziale Konstruktion von Einwanderinnen als kulturell ‚fremd' und ‚hilfebedürftig' oder von männlichen Migrationsjugendlichen als implizit ‚problematisch' und ‚gefährlich' sehr verbreitet" ist (Hasenjürgen 2010, 154). Gefordert sind Selbstreflexion von Sozialarbeiterinnen und Sozialarbeitern und eine Reflexion im Umgang mit Begriffen wie Kultur, Ethnie, Identität oder Islam. Dazu zählt auch die Auseinandersetzung mit Migration und Geschlecht, denn Geschlecht, als sozialer Platzanweiser und als Container für geschlechtsbezogene, kulturelle Zuschreibungen und Stereotypien läuft in allen Prozessen immer mit.

In diesem Kapitel wird zunächst eine Klärung und Diskussion des Begriffs Migration vorgenommen. Daran anschließend folgt eine Diskussion des Kulturbegriffs, denn Kultur wird in den gegenwärtigen Debatten über Migration und Integration häufig zum Platzhalter für Differenz. Zudem spielt Kultur eine Rolle in den Ansätzen interkultureller Pädagogik und Sozialer Arbeit. Abschließend werden die komplexe Verwobenheit von Kultur und Geschlecht sowie die Bedeutung der Adoleszenz im Kontext von Migration und Geschlecht dargestellt.

Migration ist ein Sammelbegriff für Wanderungen von Menschen, für längere oder zeitlich unbegrenzte Wechsel des Wohnsitzes. Bei einem Wohnortwechsel über Staatsgrenzen hinweg spricht man von Auswanderung (Emigration) aus einem und Einwanderung (Immigration) in ein anderes Land. Migration hat viele verschiedene Ursachen: Kriege, Diktaturen, Überschwemmungen, Erdbeben, Zerstörung der natürlichen Lebensgrundlagen, wirtschaftliche Not, Arbeitssuche, Heirat oder einfach Mobilität. Es lassen sich entsprechend verschiedene Formen von Migration unterscheiden: freiwillige Migration und Zwangsmigration, Armuts- und „betterment"-Migration (Verbesserung des Lebensstandards), Experten/Expertinnen- und Karrieremigration, Internationale Migration und Binnenmigration, temporäre, permanente und Pendelmigration. Nach Schätzungen der UN (World Migration Report 2005) leben zwischen 185 und 192 Millionen Menschen als Migrantinnen und Migranten außerhalb der Grenzen ihres Herkunftslandes, etwa die Hälfte davon sind Frauen. In neueren Ansätzen der Migrationssoziologie wird Migration nicht mehr als ein einmaliger Ortswechsel betrachtet, sondern als Phänomen von zirkulären, grenzüberschreitenden Wanderungen: häufigeres Hin- und Herpendeln von „Transmigranten/-migrantinnen" wird als eine mögliche Daseinsform verstanden, transnationale Migration trägt so zur Entstehung von transnationalen sozialen Räumen bei (Grimmig 2006).

Flucht und Migration aus Deutschland beispielsweise zur Jahrhundertwende vom 19. zum 20. Jahrhundert und während des Nationalsozialismus, genauso Migration und Flucht nach Deutschland, müssen immer auch im Kontext von Geschichte und (aktueller) Politik betrachtet werden (Bade 1993).

Gegenwärtig haben etwa 20 % aller in Deutschland lebenden Menschen einen Migrationshintergrund – oder treffender formuliert – eine Migrationsgeschichte (Hamburger 2009, Vahsen/Tan 2010, Deutscher Verein 2010). In der Gruppe der jungen Menschen unter 18 Jahren liegt der Anteil bei 30 %. Die Daten belegen, dass Deutschland bereits seit langem faktisch ein Einwanderungsland ist und der Umgang mit Migration eine gesamtgesellschaftliche Aufgabe.

Der Begriff Kultur spielt eine zentrale Rolle in Migrationsdiskursen und Zeitdiagnosen und ist Bestandteil politischer und pädagogischer Konzepte wie der multikulturellen Gesellschaft, der interkulturellen Pädagogik und der interkulturellen Kompetenz. Was „Kultur“ genau ausmacht, ist kontrovers und je nach Position unterschiedlich gefüllt. Deshalb ist es wichtig, zu klären, welche Vorstellungen jeweils mit dem Kulturbegriff verbunden sind, beispielsweise wenn von Kulturdifferenzen, kultureller Identität und Kulturkonflikten die Rede ist. Wird Kultur als Nationalkultur gedacht, mit entsprechenden Eigenschaftszuschreibungen an die Menschen, wird von einer statischen und unveränderbaren Kultur ausgegangen. Hier haben wir es mit kulturalistischen Argumentationen zu tun. Diese lassen unterschiedliche kulturelle Traditionen als unvereinbar erscheinen und sind kennzeichnend für neue Formen des Rassismus, in dem Rasse durch den Begriff Kultur ersetzt wird. Kritik an einem solchen statischen Kulturbegriff und den Konsequenzen für professionelles Handeln ist häufig vorgetragen und veröffentlicht worden (z.B. Gültekin 2005, Gümen 1998, Hasenjürgen 2005, 2009, Kalpaka 2005).

Kultur, so die Kritik, erscheint als ein Containerbegriff mit dem unüberwindbare Differenzen behauptet werden: Haar- und Hautfarbe, das Aussehen und Auftreten, Sprache und Kleidung. Diese zugeschriebenen Unterschiede sind oft mit Abwertungen verbunden, und sie bauen auf der Dominanz und Definitionsmacht der herrschenden Kultur auf. Kultur wird einheitlich einer ganzer Gruppe von Menschen übergestülpt: wenn von „der Türkin“ oder „dem Russlanddeutschen“ die Rede ist, werden vermeintliche Eindeutigkeiten und Eigenschaften, die für alle gelten, konstruiert. Individuelle Lebensgeschichten, Interessen und Verhaltensweisen geraten häufig gar nicht in den Blick – oder aber sie werden, wenn sie nicht den Zuschreibungen entsprechen, als Ausnahmen betrachtet. Individuen werden so auf eine zugeschriebene oder aber auch selbst gewählte „kulturelle Identität“ reduziert. „So kann ‚Muslima‘ oder ‚Christin‘, ‚Türkin‘ oder ‚Kurdin‘, seit vielen Generationen ‚Ostdeutsche‘ oder ‚Deutsche mit Migrationsbiographie‘ zu sein, eine wichtige identifikative Selbstverortung (...) darstellen, sie ist aber nicht die einzige. Neben religiösen und kulturellen ‚Identitäten‘ unterscheiden sich Individuen und Gruppen nach Bildung und Beruf, Geschlecht und Alter, politischer Haltung und sozialem Engagement, Musik- und Literaturvorlieben und vielen weiteren Zugehörigkeiten, Verbindungen und Sinndeutungen“ (Hasenjürgen 2009, 51).

Eine Reflexion und Dekonstruktion von kulturellen Zuschreibungen setzt zum einen ein offenes Verständnis von Kultur voraus, zum anderen gilt es Verallgemeinerungen zu hinterfragen und Individuen und Gruppen offen zu begegnen. „Sozial und räumlich abgeschlossene Gesellschaften, in denen traditionelle Festlegungen als selbstverständlich und alternativlos erfahren werden, existieren in der gegenwärtigen Weltgesellschaft nicht mehr. Nationalstaaten decken sich auch nicht mit einer singulären nationalen Kultur, sondern sind einerseits in den Kommunikationszusammenhang der Weltgesellschaft einbezogen, anderseits Vergesellschaftungsformen, in deren Rahmen vielfältige Teil- und Subkulturen, Milieus und Lebensentwürfe koexistieren“ (Hormel/Scherr 2006, 138). Dementsprechend plädieren Hormel und Scherr für eine Perspektive auf Kulturen „als dynamische, in sich widersprüchliche, vielschichtige und ineinander verwobene Sinngebilde, die sich wechselseitig beeinflussen“ (ebd.). Zur Bezeichnung dieser Dynamiken sind eine Fülle neuer Begriffe entstanden: Hybridisierung, Transnationalisierung, Travelling cultures und Transkulturalität. Gemeinsam ist diesen Begriffen die Vorstellung, dass in einer globalisierten, medial vermittelten Welt neue Lebensformen entstehen, die quer durch die ursprünglichen national oder regional vermittelten Kulturen hindurchgehen. Grenzen heben sich auf oder verwischen, sowohl auf der Ebene von Gesellschaft als auch für die Individuen. „Die meisten unter uns sind in ihrer kulturellen Formation durch *mehrere* kulturelle Herkünfte und Verbindungen bestimmt. (...) Die kulturelle Identität der heutigen Individuen ist eine Patchwork-Identität. (...) Das betrifft nicht etwa nur Migranten, sondern alle Heranwachsenden. (...) Heutige Menschen werden zunehmend *in sich* transkulturell" (Welsch 2009, 5, Hervorhebung im Original).

In einem offenen Verständnis von Kultur wird die Vorstellung von vermeintlich geschlossenen Kulturen überwunden und die Vielfältigkeit von Identitäten betont. Dieser Ansatz ist anschlussfähig an ein konstruktivistisches Verständnis von Geschlecht, so lassen sich die jeweiligen Konstruktionsprozesse von Kultur und Geschlecht sowie die Dekonstruktion von Zuschreibungen kultureller Identität und von Weiblichkeit und Männlichkeit verbinden. Zu betonen ist außerdem, dass die kritische Auseinandersetzung mit dem Kulturbegriff nicht nur in den Sozial- und Kulturwissenschaften geführt wird, sondern auch von sozialen Bewegungen, Bürgerrechtsbewegungen, Frauenbewegungen und Migranten/Migrantinnenbewegungen initiiert wurde (Hasenjürgen 2009).

7.1 Kultur und Geschlecht

In unserer westlichen Gesellschaft wird das Geschlechterverhältnis häufig zur Beurteilung anderer Gesellschaften oder Kulturen herangezogen. Die Konstruktionsprozesse von Kultur und Geschlecht in ihrer Verwobenheit sind hier besonders wirkungsmächtig, dabei entstehen homogene Konstrukte, wie zum Beispiel in der Polarisierung von der vermeintlich emanzipierten, deutschen Frau auf der einen und der angeblich unterdrückten, türkischen Frau auf der anderen Seite. Dieses bipolare und hierarchische Denken im Alltags- und Wissenschaftsdiskurs wird vor allem deutlich, wenn Geschlechterverhältnisse islamisch geprägter Gesellschaften betrachtet werden. Die Debatten über das Kopftuch und die öffentlichen Diskussionen über Zwangsheirat und Ehrenmorde sind Beispiele für diese Diskurse. Seit dem 11. September 2001 wird das Bild des „muslimischen

Patriarchats“ um den fundamentalistischen Islam ergänzt, mit dem sich bekennende Muslima und Muslime konfrontiert sehen (Lang 2006, 142). In den geschlechterdifferenzierten Zuschreibungen erfolgt eine Gleichsetzung von Weiblichkeit mit einem Opferstatus und von Männlichkeit mit patriarchaler Macht. Demgegenüber stehen die Konstruktionen von gleichberechtigten, modernen heterosexuellen und gleichgeschlechtlichen Paarbeziehungen der westlichen Welt.

Die spezifischen Bilder von Kultur und Männlichkeit werden durch die Medien, Forschung, Politik und Alltagspraxis verbreitet: in den jeweiligen Diskursen gelten junge Männer mit Migrationshintergrund schon seit einigen Jahren als problematisch. In den bundesweiten Diskussionen um junge Migranten an Schulen erscheinen die Jugendlichen häufig als bildungsunwillige Störer. Gleichzeitig verweisen verschiedene Studien aber immer wieder auf die Diskriminierung und Selektivität des deutschen Bildungssystems hin, in dem junge Migrantinnen und Migranten benachteiligt und bereits vorhandene Benachteiligungen reproduziert und verstärkt werden. Durchaus existierende schwierige Männlichkeitskonstruktionen werden als „Macho-Männlichkeit“ (Pfeiffer/Wetzels 2000) etikettiert und als kulturell bedingt und familiär tradiert interpretiert (Spindler 2007). „Migrantische junge Männer repräsentieren also einerseits tatsächlich vorhandene Problemlagen und werden andererseits mit Bildern verknüpft, die eng mit verbreiteten Geschlechterkonstrukten *der Anderen*, von Migranten allgemein, oder türkischen Männern im Besonderen verbunden sind“ (Spindler 2007, 120, Hervorhebung im Original). Die gegenwärtigen Debatten verstärken Konstruktionen von Differenz in einem wechselseitigen Prozess von doing culture und doing gender. Sie führen zu unzulässigen Verallgemeinerungen und sie verstellen einen differenzierten Blick auf die Lebenswirklichkeit von Migrantinnen und Migranten und Herkunftsdeutschen.

In den 1970er Jahren beginnt in der Sozialen Arbeit und in der Erziehungswissenschaft eine Diskussion über „ausländische Mädchen und Frauen“ in Westdeutschland, in der die Begründungen für das „kulturelle Anderssein“ der Migrantinnen und Migranten mit Stereotypien über die Geschlechter gestützt wird. Die stereotypen Setzungen beschreiben eine strikte Trennung der männlichen und weiblichen Lebenswelten; traditionelle, patriarchale Partnerbeziehungen; den „Macho-Mann“ und die „unterdrückte Frau“. Zur Beurteilung von Geschlechterverhalten und Geschlechterverhältnissen bildet die „emanzipierte westliche Frau“ den (impliziten) Maßstab (Krüger-Potratz/Lutz 2004). Obwohl Mitte der 1970er Jahre die Erwerbstätigkeitsquote von Migrantinnen mit 40 % weit über der von herkunftsdeutschen Frauen liegt, werden die migrantischen Frauen in pädagogischen Debatten als Hausfrauen und Mütter wahrgenommen.

Zu Beginn der 1980er Jahre geht es zunehmend um die Integration der Migrantenkinder in die Aufnahmegesellschaft. Die Kulturdifferenz und daraus resultierende Konflikte werden zur Erklärungsbasis für Integrationsprobleme der Kinder und Jugendlichen – zerrissen zwischen zwei Welten –, lautet die Metapher, die bis heute die öffentliche Diskussion bestimmt. Gleichzeitig setzt in den 1980er Jahren ein Perspektivwechsel ein, in dem gefordert wird, auch die Aufnahmegesellschaft mit in den Blick zu nehmen. In den Debatten der Migrations- und der Frauen- und Geschlechterforschung geht es zunehmend um das Verhältnis von Gleichheit und Differenz: Themen wie Rassismus und die Macht des Ausländer- und Flüchtlingsrechts werden im Zusammenhang mit Fragen nach Bürger- und Menschenrechten diskutiert. Diese Diskurse werden auch in anderen wissenschaftlichen Zusammenhängen weitergeführt. In den Alltagsdiskursen, in Medien und Politik, wird bereits Ende der 1990er Jahre das Scheitern der „Multikulturellen Gesellschaft“ verkündet. Seit 2004 werden die vermeintliche Entwicklung von „Parallelgesellschaften“ und die gesellschaftliche Desintegration von Migrantinnen und Migranten thematisiert.

Diese angenommene fehlende Integration ist auch Ausgangspunkt für das folgende Beispiel eines Forschungsprojekts zu deutsch-arabischen Jugendlichen. Susanne Langs Untersuchung (2006) steht im Kontext von Forschungen zum Bundesprogramm „Soziale Stadt“ und dessen jugendpolitischen Begleitprogramm „Entwicklung und Chancen junger Menschen in sozialen Brennpunkten“. Dort ist die Rede von „ethnischen Konflikten“ in ausgewählten Stadtteilen. Es wird von den dort lebenden Migrantinnen und Migranten angenommen, sie hätten Integrationsdefizite, mangelnde Sprachkenntnisse und sie würden sich in ihre eigenethnischen Gruppen zurückziehen. Susanne Lang stellt die Frage, ob sich die Beobachtungen über Migrantenfamilien und deren Kindern, mit den Perspektiven der Betroffenen decken (Lang 2006, 135). Dafür hat sie einen biographischen Zugang zu deutsch-arabischen Jugendlichen gewählt. Ihre Ergebnisse zu den biographischen Selbstdarstellungen von jungen Frauen zeigen, wie diese neue biographische Weiblichkeitskonzepte im Vergleich mit ihrer Müttergeneration konstruieren: Sie betonen Aspekte von Unabhängigkeit (ökonomisch, räumlich und bei der Partnerwahl) und gleichzeitig Loyalität gegenüber ihren Eltern. Die jungen Frauen haben Erfahrungen mit Stigmatisierungen und Marginalisierungen gemacht, trotzdem entwickeln sie ihre Bildungsambitionen. Sie fühlen sich in ihren Stadtteilen wohl, diese bieten ihnen Handlungsspielräume und eine multikulturelle Atmosphäre. „Sie mischen und spielen selbstbewusst mit ihren unterschiedlichen Zugehörigkeiten und Interessen, ohne in ‚Identitätskrisen' zu geraten. Bei ihnen zeigt sich eine Selbstrepräsentation, die Homi Bhabha (1997) bei postkolonialen Menschen mit Migrationshintergrund als hybride Orientierung identifiziert. Die jungen Frauen sind nicht zwischen zwei kulturellen Bezugssystemen hin- und hergerissen, sie vermischen beide zu etwas Neuem" (Lang 2006, 149). Lang plädiert für eine radikale Orientierung auf die Einzelnen und ihre je individuellen Leistungen.

Eine solche Sichtweise geht einher mit einer Dekonstruktion von Ethnizität und Geschlecht in der Wahrnehmung von Migrantinnen und Migranten, auch in der Sozialen Arbeit. So kann ein Blick auf den gesellschaftlichen Wandel und die Veränderungen von Geschlechterkonstruktionen entwickelt werden, beispielsweise darauf, dass besonders junge Migrantinnen durch eine kritische und geschlechteregalitäre Haltung traditionelle Ehe- und Partnerschaftskonzepte modifizieren. Migrantinnen und Migranten sind je nach Generation, Alter, sozialer Lage und sexueller Orientierung mit unterschiedlichen Erwartungen und der Neudefinition von Geschlecht konfrontiert. Damit ähneln ihre adoleszenten Suchbewegungen denen der herkunftsdeutschen Mädchen und Jungen, Frauen und Männer.

7.2 Adoleszenz, Migration und Geschlecht

Die Komplexität von Geschlechter- und Generationenbeziehungen im Zusammenhang mit der Adoleszenz von Mädchen und Jungen im Kontext von Migrationsgeschichten ist seit der Jahrtausendwende stärker in den Fokus von Jugendforschung und sozialwissenschaftlichen Untersuchungen geraten (zusammenfassend King/Schwab 2000, King 2006). Dabei stellt sich in der wissenschaftlichen Diskussion und auch in der Sozialen Arbeit immer wieder die Frage, wodurch die Situation von Migrantenjugendlichen speziell charakterisiert sein soll. Was bedeutet es für die Jugendliche oder den Jugendlichen aus einer Familie mit Migrationshintergrund zu kommen oder eigene Migrationserfahrungen zu haben? Was bedeutet Adoleszenz unter den Bedingungen von Flucht und Asylsuche? Bezogen auf die sozialpädagogische Praxis stellt sich die Frage, woran sich die professionelle Praxis in der Arbeit mit adoleszenten Migrantinnen und Migranten oder mit jugendlichen Flüchtlingen orientieren soll?

Einen Anknüpfungspunkt für Soziale Arbeit, die sich nicht an den simplen Modellen des Kulturkonflikts, der „Zwei Welten" und „Identitätskrisen zwischen Tradition und Moderne" orientiert, bieten Konzepte, die Migration als einen Umwandlungs- und Neubildungsprozess verstehen. Hier lassen sich in den Selbstpositionierungen die bereits erwähnten hybriden Orientierungen erkennen und Migrationsbiografien werden als Modelle von Transformationen verstanden. Vera King und Angelika Schwab (2000) folgen diesen Konzepten und arbeiten in ihrer Untersuchung zu Migration und Adoleszenz heraus, dass Jugendliche mit Migrationshintergrund einen zweifachen Transformationsprozess durchlaufen, sowohl auf kultureller und sozialer Ebene als auch auf der Ebene des Wandels vom Mädchen zur Frau bzw. vom Jungen zum Mann.

Die Adoleszenz gilt als Entwicklungsphase vom Kind zum Erwachsenen, mit den entsprechenden körperlichen und psychischen Veränderungen, verbunden mit Fragen nach beruflichen Perspektiven und dem eigenen Platz in einer Gesellschaft. Psychodynamisch geht es in der Adoleszenz um Prozesse der Identitätsbildung, um Transformationen der Selbst- und Weltverhältnisse der Kindheit, um Trennung, Umgestaltung und Neuschöpfung. Damit sind psychische

Dynamiken gemeint, die mit Rückgriff auf psychoanalytische Theorien und Objektbeziehungstheorien erklärt werden. Diese psychischen Verarbeitungsprozesse der Kinder und Jugendlichen sind immer auch beeinflusst von gesellschaftlichen Bedingungen, von sozialer Ungleichheit und sozialstruktureller Benachteiligung in Bildung und Ausbildung sowie von eigenen Diskriminierungserfahrungen als auch solchen der Familie (King 2006, 145). Der Verlauf der Adoleszenz ist also von einem komplexen Zusammenspiel psychischer Prozesse und sozialer Bedingungen bestimmt. Mädchen und Jungen mit Migrationshintergrund müssen die Adoleszenz im Kontext von Migration bewältigen. Diese zweifache Anforderung und Notwendigkeit, Trennungen und Neuanfänge zu vollziehen, ist mit dem Begriff der „doppelten Transformationsanforderung“ (King, Schwab 2000, King 2006) gemeint. Hier sind sicherlich Unterschiede in den Generationslagen und Zeitpunkten der Migration zu berücksichtigen, aber dass ein Migrationshintergrund in der Bewältigung der Adoleszenz eine wichtige Rolle spielt, ist unstrittig und für die Soziale Arbeit von großer Bedeutung.

Geschlechter- und Generationenbeziehungen verschränken sich in der Adoleszenz, dabei spielen Fragen des Erfolgs der Migration für die nachfolgenden Generationen eine wichtige Rolle, sollen diese doch einen sozialen Aufstieg vollziehen. Eltern mit Migrationsbiografien haben demnach oft hohe Erwartungen an den Bildungserfolg ihrer Kinder. Für die Mädchen und Jungen können diese Erwartungen mit einem hohen Druck verbunden sein und deren Entwicklungsspielräume als Heranwachsende einschränken. Gleichzeitig erleben sie innerhalb und außerhalb des Bildungssystems häufig Diskriminierungs- und Ausschlusserfahrungen, „die auch durch Bildungserfolge nicht umfassend kompensiert werden oder überwindbar sind. Die Suche nach dem eigenen Weg und die Ablösungsprozesse stehen in der Adoleszenz deshalb oftmals unter schwierigen Vorzeichen“ (King 2008, 92). So können Generationenkonflikte aus dem Ringen um sozialen Aufstieg bei gleichzeitigen Entwertungserfahrungen entstehen, wenn Adoleszente sich beispielsweise weigern, den von ihnen als vergeblich betrachteten mühevollen Weg der Eltern fortzusetzen, wenn sie sich selbst mit relativer Chancenlosigkeit im

Bildungssystem konfrontiert sehen. Auflehnung und Anpassung gegenüber den Erwartungen der Eltern können sich auch abwechseln, so dass junge Frauen und Männer zwischen den Positionen des Scheiterns und des Erfolgs hin und her schwanken. Die Adoleszenz kann auch als Motor eines Bildungsaufstiegs wirken. Im adoleszenten Ringen um innere und äußere Freiräume gegenüber der Herkunftsfamilie können Erfahrungen im Bildungssystem hilfreich sein, der Versuch, eine eigenen Position im Verhältnis zur Familie zu finden, kann die Motivation im Bildungsbereich stärken.

Vera King (2006) zeigt am Beispiel von Biographien junger Frauen mit Migrationshintergrund die Spielräume und Begrenzungen adoleszenter Entwicklungen im Zusammenhang mit Bildungskarrieren. Dabei werden unterschiedliche Gegenbewegungen der jungen Frauen gegen die Erfolgsorientierungen ihrer Eltern deutlich, beispielsweise der Ausstieg aus der elterlichen Delegation durch frühe Heirat und Schwangerschaft. Für eine junge Frau wird die Erfüllung der Leistungserwartungen, das zur Schule-Gehen zu einem eigenen adoleszenten Raum, in dem sie mit Identitätsfragen auf der Suche nach dem Eigenen ringt. In dem Beispiel setzt sie ihre religiöse Entwicklung gegen den Willen des Vaters durch, der für sie das Tragen des Kopftuchs ablehnt. In anderen Beispielen wird von jungen Frauen, die sich an den Weiblichkeitsvorstellungen der Einwanderungsgesellschaft orientieren, versucht sich von den mütterlichen Lebensentwürfen zu lösen. „Die entwerteten Aspekte der Geschichte der Eltern und damit auch der eigenen Identifizierungen baumeln dann gewissermaßen wie lose Enden im Identitätsbildungsprozess“ (King 2006, 150). King stellt die Frage, wie und ob es im Entwicklungsverlauf gelingt, die entwerteten Aspekte der Familiengeschichte psychisch anzunehmen und in den eigenen Lebensentwurf produktiv zu integrieren. Gelinge das nicht, könnte auf eine Phase der einfachen Ablehnung ein Umschlagen in die Wiederholung traditioneller Weiblichkeitsentwürfe erfolgen.

In der Adoleszenz junger Männer sind analog der Männlichkeitsentwurf der Väter und die Vater-Sohn-Beziehung von großer Bedeutung. Anhand von Interviews zu den Biographien junger Männer zeigt King (2005), dass die abgrenzenden oder identifikatorischen

Bezugnahmen auf die Väter sowie der Umgang mit deren Diskriminierungserfahrungen eine wesentliche Rolle für Spielräume und Begrenzungen eigener Entwicklungen und den Bildungsverlauf haben. Ungünstige Bildungsverläufe können beispielsweise mit einer Gegenbewegung adoleszenter Abgrenzung zu den Vätern und der Familie verbunden und mit der Suche nach Autonomie in der Peergroup einhergehen.

Die Forschungsergebnisse von Vera King veranschaulichen die hohen psychosozialen Anforderungen an junge Frauen und Männer in der Adoleszenz bei der Bewältigung von (ungleichen) Chancen im Bildungssystem. Sie machen deutlich, dass die Effekte von Migrationsstatus, Herkunft und Geschlecht, von gesellschaftlichen Ungleichheitsverhältnissen, die sich auf die individuellen Entwicklungen auswirken, zu berücksichtigen sind, um Bildungsverläufe zu verstehen.

Weiterführende Literatur

Gümen, Sedef (1998): Das Soziale des Geschlechts. Frauenforschung und die Kategorie „Ethnizität". In: Das Argument 224, S. 187-202

Kalpaka, Annita (2005): Pädagogische Professionalität in der Kulturalisierungsfalle – Über den Umgang mit ‚Kultur' in Verhältnissen von Differenz und Dominanz. In: Leiprecht, Rudolf/Kerber, Anne (Hrsg.): Schule in der Einwanderungsgesellschaft. Ein Handbuch. Schwalbach/Ts. S. 387-405

King, Vera (2006): Weibliche Adoleszenz und Migration – Bildungs- und Entwicklungsprozesse junger Frauen. In: Nicklas, Hans/Müller, Burkhard/Kordes, Hagen (Hrsg.): Interkulturell denken und handeln. Theoretische Grundlagen und gesellschaftliche Praxis. Frankfurt/New York, S. 141-154

8

8. Gewalt und Geschlecht

Der Zusammenhang von Gewalt und Geschlecht ist im Alltagsbewusstsein eng mit Zuschreibungen von Weiblichkeit und Männlichkeit verknüpft. Hier ist scheinbar eindeutig, welches Geschlecht auf welcher Seite steht: Jungen und Männer geraten mehrheitlich als Täter in den Blick, Mädchen und Frauen als Opfer. Wenn das Gewaltverhalten von Mädchen und Frauen im Vergleich zu dem der Jungen und Männer untersucht wird, lautet das Ergebnis: Mädchen und Frauen sind weniger gewaltbereit und üben weniger Gewalt aus als Jungen und Männer. Damit scheinen bestimmte Stereotype über Männlichkeit wie Dominanz, Aggressivität, Körperkraft und Gewaltbereitschaft auf der einen und Weiblichkeit in Verbindung mit körperlicher Schwäche, Duldsamkeit, Fügsamkeit und Friedfertigkeit auf der anderen Seite bestätigt. Dem entgegen soll in diesem Kapitel eine analytische Perspektive eingenommen werden, die nach den Wirkungen der Geschlechterhierarchie, nach der Bedeutung der Konstruktionen von Weiblichkeit und Männlichkeit sowie nach Konflikthintergründen, Gewalt-, Verletzungs-, Degradierungs- und Entwertungserfahrungen von Mädchen und Jungen, Frauen und Männern fragt. Dabei beginnen wir mit der Forschung zu Gewalt im Geschlechterverhältnis, die mit der öffentlichen Thematisierung von Gewalt gegen Frauen ihren Ausgangspunkt nahm. Es folgen Darstellungen der gegenwärtigen geschlechtsbezogenen Diskurse zu Männlichkeit und Gewalt sowie zu Weiblichkeit und Gewalt.

8.1 Gewalt im Geschlechterverhältnis – Häusliche Gewalt

Gewalt im Geschlechterverhältnis, vor allem Gewalt gegen Frauen, wurde erst in den 1970er Jahren durch die zweite Frauenbewegung gegen erhebliche gesellschaftliche Widerstände öffentlich thematisiert. Ersten Publikationen aus Großbritannien wie „Schrei leise – Misshandlungen in der Familie" von Erin Pizzey (1978) folgten Berichte aus dem deutschen Sprachraum wie „Die ganz gewöhnliche Gewalt in der Ehe" von Cheryl Benard und Edit Schlaffer (1978). Sie waren Meilensteine einer wichtigen Veränderung, nämlich der Enttabuisierung eines Themas, das bis dahin als strikt privat betrachtet wurde: „Gewaltausübung gegen mit dem Täter ‚bekannte' Frauen ist geschichtlich betrachtet, ein ‚normales' Element der bürgerlichen Ehe" (Müller 2004, 549). Dadurch dass die Frauenbewegung und -forschung diese „Normalität" häuslicher Gewalt gegen Frauen publik gemacht hat, ist eine Entwicklung in Gang gesetzt worden, die zum Ausbau eines Netzes an Frauenhäusern und zu einer Vielzahl von Beratungsangeboten für Frauen und Mädchen führte. Auch wenn das Ausmaß häuslicher Gewalt nach wie vor hoch ist (bmfsfj 2004a), zeigt sich der Erfolg und Einfluss der Frauenbewegung in der grundlegenden Verschiebung gesellschaftlicher Normen, die sich in Gesetzesänderungen und neuen Gesetzen und in einer Sensibilisierung von Fachkräften für die zerstörerischen Folgen häuslicher Gewalt niederschlägt. Mit dem Gesetz zum Schutz vor Vergewaltigung in der Ehe (1998) und dem Gewaltschutzgesetz (2002) wird Gewalt in der Partnerschaft zum Offizialdelikt erklärt und damit polizeiliches und staatsanwaltschaftliches Handeln erzwungen. Der Opferschutz ist durch das Inkrafttreten des Gewaltschutzgesetzes (GewSchG „Gesetz zum zivilrechtlichen Schutz vor Gewalttaten und Nachstellungen") am 01.01.2002 rechtlich verankert, insbesondere durch die Möglichkeit einer polizeilichen Wegweisung des Täters oder der Täterin. Damit einhergeht die Etablierung von Interventionsprojekten gegen häusliche Gewalt und neuen Arbeitsansätzen, wie der mobilen und proaktiven Beratung, sowie Täterprogrammen

(GiG-net 2008). So haben beispielsweise nach Polizeieinsätzen wegen häuslicher Gewalt Interventionsprojekte mit dem Einverständnis der Betroffenen den Auftrag, die Betroffenen zu kontaktieren und Unterstützung anzubieten.

Der Begriff der häuslichen Gewalt hat sich seit den 1990er Jahren in der fachwissenschaftlichen und politischen Debatte etabliert und Begriffe aus den Anfängen der Frauenforschung, wie „Gewalt gegen Frauen" und „Männergewalt", abgelöst. Aus der feministischen Perspektive wurden Begriffe wie „Gewalt in Paarbeziehungen" oder „häusliche Gewalt" lange Zeit abgelehnt, weil diese auf eine Wechselseitigkeit verwiesen und der geschlechtsspezifischen Richtung von Gewalt gegen Frauen nicht gerecht würden. Die Diskussion um den Begriff „Häusliche Gewalt" skizzieren Martin Heidrich und Christiane Rohleder (2005) in ihrem Aufsatz „Soziale Arbeit und Häusliche Gewalt. Ein Arbeitsfeld im Umbruch". Der Terminus „Häusliche Gewalt" sei konsensfähig in Praxis und Wissenschaft und „er benenne sowohl den Tatbestand des gewalttätigen Handelns wie den Tatort eindeutig" (Heidrich/Rohleder 2005, 203). Der Nachteil des Begriffs sei nach Heidrich und Rohleder, nicht zu benennen, wer mehrheitlich Täter, nämlich Männer, und wer Opfer der Gewalt seien. Damit bleibe auch der strukturelle Zusammenhang, die Gewalt im Geschlechterverhältnis, verdeckt. Außerdem sei nicht eindeutig, welche Täter-Opfer-Konstellation mit dem Begriff „Häusliche Gewalt" gemeint sei. Auch wenn der Begriff mehrheitlich auf Gewalt zwischen erwachsenen (Ex-)Lebenspartnerinnen und -partnern bezogen wird, gibt es Definitionen, die ihn auf „jede Form von Beziehungsgewalt, die in der privaten Sphäre – im Gegensatz zum öffentlichen Raum – stattfindet" ausweiten (Runder Tisch zur Bekämpfung von Gewalt gegen Frauen in NRW 2001, 2, zit. nach Heidrich/Rohleder 2005, 203). So wird unter „Häuslicher Gewalt" zusätzlich Gewalt von Eltern gegenüber ihren Kindern, Gewalt von Kindern gegenüber ihren Eltern und Gewalt gegen hilfs- oder pflegebedürftige Personen in einem privaten Haushalt gefasst. Diese Unterschiede im Begriffsverständnis führen zu Unterschieden in der polizeilichen Interventionspraxis, denn es fehlt eine Definition des Begriffs „Häusliche Gewalt" im Gewaltschutzgesetz.

Mehrheitlich überwiegt jedoch ein Verständnis von häuslicher Gewalt, das sich auf die Gewalt zwischen erwachsenen hetero- oder homosexuellen Männern und Frauen in (Ex-)Lebensgemeinschaften (Heidrich/Rohleder 2005, 203). Ein solches Begriffsverständnis, welches beispielsweise von der Berliner Interventionszentrale gegen häusliche Gewalt formuliert wird, liegt auch diesem Kapitel zugrunde: „Häusliche Gewalt ist ein gesamtgesellschaftliches Problem, das sich durch alle Schichten und sozialen Milieus zieht. Der Begriff ‚Häusliche Gewalt' umfasst alle Formen der körperlichen, sexuellen, seelischen, sozialen und ökonomischen Gewalt, die zwischen erwachsenen Menschen stattfindet, die in einer nahen Beziehung zueinander stehen oder gestanden haben. Das sind vor allem Personen in Lebensgemeinschaften, aber auch in (anderen) Verwandtschaftsbeziehungen. Gewalt im vermeintlichen Schutzraum des eigenen ‚Zuhauses' wird fast ausschließlich von Männern gegen Frauen ausgeübt. Sie ist Ausdruck des strukturellen Machtverhältnisses zwischen Männern und Frauen in der Gesellschaft" (BIG-Koordinierung 2011).

8.2 Forschung zu Gewalt im Geschlechterverhältnis

Forschung zu Gewalt gegen Frauen, politische Öffentlichkeitsarbeit durch die Frauenbewegung und die Entwicklung neuer Praxisformen sind Ende der 1970er und Anfang der 1980er Jahre eng miteinander verbunden. So geht die Initiative zur Errichtung des ersten Frauenhauses in Berlin einher mit der ersten größeren Forschungsarbeit über Gewalt gegen Frauen (Hagemann-White u.a. 1981). Es erscheinen erste Studien über Weiblichkeit und Misshandlung (Brückner 1983, Burgard 1985), die männliche Gewalt und weibliche Verstrickungs- und Befreiungsstrategien untersuchten. Gewalt gegen Frauen und Mädchen wird als Ausdruck männlicher Vorherrschaft in einer patriarchalischen Gesellschaft und männlicher Zugriffsmöglichkeiten auf den weiblichen Körper analysiert (Brückner 1997). Alltägliche häusliche Gewalt, Kriegsvergewaltigung und Menschenrechtsverletzungen werden seit den 1990er Jahren in internationalen Forschungsdiskussionen mit sozialen Konstruktionen und Praktiken von Männlichkeiten erklärt (Pohl 2002). „Männliche Gewalt gegen Frauen und Mädchen ist weltweit in vielfacher Form in die kulturell vorherrschende Konstruktion des Geschlechterverhältnisses eingebettet, und zwar als grundsätzliche Dominanz des einen Geschlechts über das andere" (Brückner 2002, 9 zit. nach Müller 2004, 552).

Die Forschungslage zum Ausmaß oder zur Prävalenz von Gewalt im Geschlechterverhältnis war lange Zeit unbefriedigend. Gewaltprävalenz meint den Prozentsatz derer, die in einem bestimmten Zeitraum Opfer von Gewalt geworden sind. Erst im Jahr 2004 wurde die erste repräsentative Untersuchung zu Gewalt gegen Frauen in Deutschland durch das Bundesministerium für Familie, Senioren, Frauen und Jugend mit dem Titel „Lebenssituation, Sicherheit und Gesundheit von Frauen in Deutschland" veröffentlicht. Sie ist Bestandteil des nationalen Aktionsplans der Bundesregierung zur Bekämpfung von Gewalt gegen Frauen von 1999. Mit der Studie sollten Wissenslücken über das Ausmaß von Gewalt gegen Frauen geschlossen werden, konkreter Handlungs- und Hilfebedarf ermittelt und eine empirische Basis für Maßnahmen und Strategien zum Abbau von Gewalt im Geschlechterverhältnis geschaffen werden. Die Untersuchung basiert auf 10 264 Interviews, die im Jahr 2003 mit in Deutschland lebenden Frauen im Alter von 16 bis 85 Jahren geführt wurden. In der Studie wurden vier zentrale Gewaltformen erfasst: körperliche Gewalt, sexuelle Gewalt, sexuelle Belästigung und psychische Gewalt. Bei der körperlichen Gewalt wurde ein breites Spektrum an Gewalthandlungen abgefragt, „von leichten Ohrfeigen und wütendem Wegschubsen über Werfen oder Schlagen mit Gegenständen bis hin zu Verprügeln, Würgen und Waffengewalt" (bmfsfj 2004a, 8). Darüber hinaus wurde auch nach der Schwere der erlebten körperlichen Übergriffe sowie nach der Häufigkeit und der subjektiv erlebten Bedrohlichkeit der Situation gefragt. Die Items zur sexuellen Gewalt bezogen sich „auf einen engeren Gewaltbegriff, der ausschließlich strafrechtlich relevante Formen wie Vergewaltigung, versuchte Vergewaltigung und unterschiedliche Formen von sexueller Nötigung unter Anwendung von körperlichem Zwang oder Drohungen umfasste" (bmfsfj 2004a, 9). Vor diesem Hintergrund ist die folgende Zusammenfassung der Ergebnisse der Betroffenheit von Gewalt zuzuordnen.

37 % aller Befragten haben mindestens eine der genannten Handlungen körperlicher Gewalt und Übergriffe ab dem 16. Lebensjahr erlebt. 13 % der befragten Frauen, also fast jede siebte Frau, gaben an, seit dem 16. Lebensjahr Formen von sexueller Gewalt erlebt zu haben. Bezogen auf Gewalt in Paarbeziehungen zeigen die Befunde, dass mindestens jede vierte Frau (25 %) im Alter von 16 bis 85 Jahren, die in einer Partnerschaft gelebt hat, körperliche (23 %) oder – zum Teil zusätzlich – sexuelle Übergriffe (7 %) durch einen Beziehungspartner einmal oder mehrmals erlebt hat (bmfsfj 2004 a, 9 f.).

Die Ergebnisse der Studie zeigen, dass körperliche und sexuelle Gewalt gegen Frauen überwiegend durch männliche Partner im häuslichen Bereich verübt wird. Bei sexueller Gewalt wurden nur von 1 % der Befragten weibliche Täterinnen benannt, bei körperlichen Übergriffen wurden in den Täterlisten 10 % ausschließlich weibliche, 71 % ausschließlich männliche und 19 % sowohl männliche als auch weibliche Täterinnen und Täter genannt. Die Befunde zeigen, dass alle Formen von Gewalt zu erheblichen psychischen, psychosozialen und gesundheitlichen Folgen für die Betroffenen führen können und frühzeitige Hilfe, Intervention und Prävention unbedingt erforderlich sind.

Gewalt im Geschlechterverhältnis, in dem Frauen als Täterinnen gegenüber Männern auftreten, ist bislang wenig untersucht. Mit der Entwicklung der Männlichkeitsforschung (Bereswill u.a. 2007) erfährt die Gewalt gegen Jungen und Männer insgesamt Aufmerksamkeit in der Forschung. Parallel zu der Untersuchung zur Gewalt gegen Frauen hat das Bundesministerium für Familie, Senioren, Frauen und Jugend 2004 eine Pilotstudie in Auftrag gegeben, um erste Hinweise über das Ausmaß und die Formen der Gewalt gegen Männer zu erhalten. Die Ergebnisse der Studie „Gewalt gegen Männer. Personale Gewaltwiderfahrnisse von Deutschland“ (bmfsfj 2004 b) machen deutlich, wie wichtig es ist, in zukünftigen Studien auch Gewalt gegen Männer zu berücksichtigen. Die Pilotstudie ist nicht repräsentativ, ihre Autoren haben aber mögliche Instrumente für eine repräsentative Untersuchung in Deutschland entwickelt. Hier werden erste Zahlen und vertiefende qualitative Erkenntnisse über die Gewalterfahrungen von Männern im häuslichen und im außerhäuslichen Bereich erhoben, die Ergebnisse der Studie liegen in einer Buchveröffentlichung (Jungnitz u.a. 2007) seit 2007 vor. Neben einer qualitativen Experten/Expertinnen-Befragung wurden qualitative und quantitative Interviews mit insgesamt 298 Männern durchgeführt. Die Darstellung von Gewaltwiderfahrnissen wird strukturiert nach Lebensphasen (Kindheit und Jugend, Erwachsene und Alter), nach Kontexten (Orte, soziale Beziehungen, Settings), nach Opfergruppen (Behinderte, Migranten) sowie nach Gewaltformen (körperliche, psychische und sexualisierte Gewalt). Diese Differenzierung macht bereits deutlich, dass Jungen und Männer, je nach Lebensphase und Kontext, Gewalt durch Männer und durch Frauen erfahren.

Wird nicht nach Schweregraden der Gewalt und der Häufigkeit erlebter Situationen differenziert, ergeben die Zahlen der bundesdeutschen Pilotstudie zu Gewalt gegen Männer und der Prävalenzstudie zu Gewalt gegen Frauen eine annähernd gleiche Gewaltbetroffenheit von Frauen und Männern durch Gewalt in heterosexuellen Paarbeziehungen: „Wie die Frauen in der Repräsentativstudie gab etwa jeder vierte männliche Befragte in der Pilotstudie an, ein- oder mehrmals körperliche Übergriffe durch die aktuelle oder frühere Beziehungspartnerin erlebt zu haben“ (GiG-net 2008, 34f.). Diese Aussage, die eine Gendersymmetrie von Gewaltbetroffenheit vermuten ließe, relativiert sich bei einer differenzierten Betrachtung der Gewalthandlungen. Bei den körperlichen Übergriffen, die Männern durch weibliche Partnerinnen zugefügt wurden, handelt es sich zumeist um weniger schwerwiegende Gewalthandlungen als bei häuslicher Gewalt gegen Frauen durch männliche Partner. „Sie beschränken sich überwiegend auf wütendes Wegschubsen, leichte Ohrfeigen, schmerzhafte Tritte und Beißen/Kratzen und gehen mit einem deutlich geringeren Verletzungsrisiko einher. Kein einziger Befragter der Pilotstudie gab an, von der Partnerin verprügelt oder zusammengeschlagen worden zu sein (dagegen 21 % der von häuslicher Gewalt betroffenen Frauen in der Frauenstudie) (Prävalenzstudie 2004)“ (GiG-net 2008, 35). Eine Einschätzung der Ergebnisse beider Studien, die aufgrund der unterschiedlich hohen Fallzahlen nicht unmittelbar vergleichbar sind, lässt den Schluss zu, dass Frauen häufiger, regelmäßiger und von schwererer Gewalt in heterosexuellen Paarbeziehungen betroffen sind als Männer. Frauen sind häufiger als Männer systematischen Misshandlungsbeziehungen mit erheblichen Verletzungen ausgesetzt. Dieser Befund deckt sich mit Daten aus Studien in anderen europäischen Ländern, beispielsweise der Auswertung des British Crime Survey in Großbritannien und einer Gewaltprävalenzstudie in Irland (GiG-net 2008, 35f.).

Die Ergebnisse der Forschung zeigen aber auch, dass Männer ihre Gewalterfahrungen eher für sich behalten. Zu fragen wäre dementsprechend auch, wenn Männer über erfahrene Gewalt sprechen, ob sie das berichten, was sie erleben und welche Hemmnisse im Zusammenhang mit Männlichkeits- und Weiblichkeitskonstruktionen existieren. Für sexualisierte Gewalt gegen erwachsene Männer (durch Frauen) fehlt Männern häufig die Sprache, manche Erfahrungen können Männer sich nicht eingestehen und sie sind nicht erzählbar. Dabei spielt Scham über Opfererfahrungen, die Männlichkeitskonstruktionen widersprechen, eine wichtige Rolle. Deutlich wird, dass Gewalterfahrungen von Männern in heterosexuellen Partnerschaften bislang zu wenig Beachtung erfahren haben, und dass für von Gewalt betroffene Männer bislang kein adäquates professionelles Unterstützungssystem existiert.

Zum Ausmaß von Gewalt in gleichgeschlechtlichen Paarbeziehungen liegen bislang keine repräsentativen Studien vor. Kavemann (2009) fasst Ergebnisse verschiedener Untersuchungen zum Gewaltaufkommen in lesbischen Beziehungen zusammen: das Ausmaß von häuslicher Gewalt durch Partnerinnen ist ähnlich hoch wie die Gewaltausübung von Frauen in heterosexuellen Paarbeziehungen und Gewalt von Frauen in lesbischen Beziehungen ist deutlich seltener sexuelle Gewalt (Kavemann 2009, 110). Aus der Pilotstudie zu Gewalt gegen Männer lassen sich keine Aussagen zu Gewalt in schwulen Paarbeziehungen treffen, „Studien aus anderen Ländern deuten aber darauf hin, dass für Männer das Risiko, Gewalt in gleichgeschlechtlichen Paarbeziehungen zu erleben, höher zu sein scheint, als das Risiko, Gewalt in heterosexuellen Paarbeziehungen zu erleben" (GiG-net 2008, 37). Im Rahmen einer geschlechtersensiblen Gewaltforschung besteht also weiterhin ein erheblicher Forschungsbedarf.

8.3 Männlichkeit und Gewalt

Die vielen Facetten von Männlichkeit und Gewalt werden im Alltag durch die Medienberichterstattung geprägt. Je nachdem, welches Ereignis aktuell verfolgt wird, geraten gewalttätige Fußballfans, gewalttätige Jugendliche mit und ohne Migrationshintergrund, Sexualstraftäter, sexueller Missbrauch, sexuelle Gewalt und Pornographie im Internet, rechtsradikale Jugendliche, Gewalt an Schulen oder Misshandlungen im Strafvollzug in den jeweiligen Medien- und Alltagsdiskurs. Die Erklärungen für das gewalttätige Handeln werden in den Medien, in Zeitschriften, Talkshows oder auch im Internet von Wissenschaftlerinnen und Wissenschaftlern aus unterschiedlichen Disziplinen gestützt. Es entwickeln sich Vorstellungen von Orientierungslosigkeit, Desintegration, Werteverlust und „blinder" Gewalt im Hinblick auf die männlichen Jugendlichen und Erwachsenen. Diskurse der Hirnforschung, der Feminisierung der Pädagogik, der überforderten Mütter und der versagenden Justiz und Sozialarbeit bestimmen die Diskussionen, wie in der folgenden Überschrift des Dossiers der Wochenzeitung „DIE ZEIT" im Juli 2010: „Der Fluch der Bewährung. Der 20-jährige Marco aus Berlin schlägt wahllos und brutal zu, seit Jahren immer wieder. Warum bekommt ihn niemand in den Griff, die Mutter nicht, die Jugendrichter nicht, die Sozialbetreuer nicht?" (Kohlenberg 2010, 13).

Die Geschlechtslogik männlichen Gewalthandelns (Meuser 2002) wird von den Mediendiskursen kaum erfasst. Dabei ist zunächst zwischen einer hetero- und einer homosozialen Dimension von Gewalt zu unterscheiden: richtet Gewalt sich gegen Frauen oder gegen Männer? Die Interpretation männlicher Gewalt gegen Frauen verweist in ihren Grundlagen immer auf die historisch-gesellschaftlich bedingten Geschlechterverhältnisse. Durch die homosoziale Dimension geraten die Binnenverhältnisse innerhalb einer Genus-Gruppe in den Blick. So wird deutlich, dass Männlichkeit nicht nur im Verhältnis zu Frauen, sondern auch zu anderen Männern hergestellt wird (Meuser 2002, Bereswill 2007a). Außerdem macht es einen Unterschied, ob männliches Gewalthandeln individuell oder in Gruppen geschieht, ob im privaten Rahmen oder im öffentlichen Raum (vor Publikum).

Wir verfügen gegenwärtig nur über wenige statistische Angaben zum Ausmaß des Gewalthandelns von Männern (und Frauen). Herangezogen werden in diesem Zusammenhang immer wieder die Tatverdächtigenangaben der polizeilichen Kriminalstatistik (PKS), die im Vergleich über die Jahre zwar bestimmte Muster aufweist, aber keine Aussagen über den Zusammenhang von tatsächlicher Täterschaft und Geschlecht erlaubt. So sind im Jahr 2009 die wegen sexueller Nötigung und Vergewaltigung ermittelten Täter zu 99 % männlich, wegen gefährlicher und schwerer Körperverletzung werden 85,2 % der tatverdächtigen Personen als männlich ausgewiesen (Bundeskriminalamt 2010, 85). Demgegenüber sind 2009 laut PKS die Opfer von „Straftaten gegen die sexuelle Selbstbestimmung unter Gewaltanwendung oder Ausnutzen eines Abhängigkeitsverhältnisses" zu 92,8 % weiblich, die Opfer von Körperverletzung wiederum zu 64,4 % männlich (Bundeskriminalamt 2010, 55).

Empirische Forschung zu den kulturellen wie den individuellen Hintergründen, warum Männer Gewalt ausüben und was dazu führt, dass einige Männer gewalttätig werden und andere nicht, gibt es bislang wenig (Hagemann-White 2002, 44, Böhnisch/Winter 1993, 201). Dies gilt sowohl für die hetero- als auch die homosozialen Dimensionen von Gewalt. Für den theoretischen Diskurs bestimmend ist der beobachtete Zusammenhang von Gewalt, Männlichkeit und sozialer Randständigkeit. In handlungstheoretisch orientierten Ansätzen gilt Gewalt als eine letzte Möglichkeit für Männer mit wenig gesellschaftlicher Macht und wenigen materiellen wie symbolischen Ressourcen, ihre Männlichkeit zu verteidigen (Meuser 2002, Messerschmidt 2000). Demnach bekämpfen diese ihre Ausgrenzung und verfestigen sie zugleich, „indem sie sozial verpönte Formen der Hypermaskulinität praktizieren ..." (Bereswill 2007a, 104). Nach Bereswill erklärt diese allgemeine These aber nicht die interindividuellen Unterschiede zwischen sozial benachteiligten Männern. Zudem kritisiert sie die bruchlose Verknüpfung von Gewalt und Geschlecht, indem kulturelle Männlichkeitskonstruktionen und die Handlungen bestimmter Gruppen von Männern sich gegenseitig erklären sollen. Dabei werden die Opfer-Täter-Ambivalenzen in Gewaltkonflikten jedoch nur in eine Richtung aufgelöst, die subjektive Bedeutung von

Gewalt und Gewalthandeln wird nicht in der Tiefe untersucht (Neuber 2009, Bereswill 2011).

Trotz dieser Einwände betonen verschiedene Autoren den Sinn von Gewalt und deren identitätsstiftende Wirkung für die Bewerkstelligung prekärer Männlichkeit (z.B. Findeisen/Kersten 1999, Böhnisch 2001). „Gewalt ist für sie [die jungen Männer, d.V.] – unbewusst – das extreme Mittel, Selbstwert zu erlangen, aus Verhältnissen herauszutreten, in denen sie sozial zurückgewiesen sind und die Orientierung verloren haben. Jemanden zusammenzuschlagen vermittelt – zumindest in der „Gewaltsekunde" – das Gefühl, oben zu sein, zu wissen, wo es langgeht, sich Macht zu holen, die einem sonst verwehrt wird" (Böhnisch 2003, 154). Männliche Gewaltausübung gilt als Kompensation einer marginalisierten gesellschaftlichen Situation und verweist zugleich auf personale Kränkungen oder Störungen. Lothar Böhnisch und Reinhard Winter (1993) vermuten drei individuell-persönliche Konstellationen, die ausschlaggebend für männliches Gewalthandeln sind: ein Mangel an Selbstwertgefühl und Selbstliebe, mangelnde Fähigkeiten zur Selbstbehauptung und Durchsetzung sowie nicht integrierte aggressive Persönlichkeitsanteile (Böhnisch, Winter 1993, 202). Nach Böhnisch und Winter bezieht sich männliche Gewalt nicht nur auf die Abwertung von Frauen, Jüngeren und „Abweichlern", sondern der individuelle Rückgriff auf z.B. betont männliches Dominanzverhalten, Drohgebärden und direkte Gewalt erscheint als der „einzige subjektive Ausweg, in psychisch und sozial desolaten Situationen ein positives Selbstwertgefühl zu erlangen" (Böhnisch/Winter 1993, 195). Männliche Gewalt erscheint als Mittel der Problembewältigung, als Reaktion auf Frustration, auf Versagensängste, auf Zurückweisung und auf eigene Gewalterfahrungen. Diese Überlegungen zur Psychodynamik von Gewalt sind allerdings empirisch kaum belegt.

Meuser (2002) betont, dass eine Sichtweise, die Gewalthandeln nur als eine defizitäre Form des Mannseins begreift, eine wichtige Funktion von homosozialer Männergewalt, insbesondere von männlichen Jugendlichen, aus dem Blick verliert: „Gewalt kann auch ein Modus von Anerkennung und ein Mechanismus der Integration in eine Gemeinschaft sein" (Meuser 2002, 62). Voraussetzung dafür sei, dass eine reziproke, also wechselseitige, Struktur bestehe, dass beide Seiten gewaltförmig agieren (können). Mit Bezug auf Pierre Bourdieu spricht Meuser hier von gewaltförmigen Interaktionen zwischen Männern als einer besonderen Variante männlicher Dominanzspiele, den „ernsten Spielen des Wettbewerbs" (Bourdieu 1997, 203). Durch diese wird Männlichkeit, der männliche Habitus, hergestellt und bewiesen. Dieses Mit- und Gegeneinander von Männern, das sowohl Wettbewerb und Solidarität beinhaltet, bestimmt verschiedene männliche (Sub-)Kulturen.

Nach Meuser (2002) gibt es darüber hinaus eine generelle normalisierende Dimension von Männlichkeit und Gewalt. Männliche Gewalt ist demnach funktional für die Einübung einer gesellschaftlichen Normalität, in der Männer andere Männer und Frauen dominieren (Bereswill 2007 a, 105). In dieser Lesart wird – in Abgrenzung zur identitätstheoretischen Betrachtung von Böhnisch und Winter – die gesellschaftliche Bedeutung von Gewalt für die Stabilisierung von Geschlechternormen betont. Gewalt wird als gesellschaftliches Phänomen betrachtet. Männergewalt ist in dieser funktionalistischen Perspektive Ausdruck männlicher Hegemonie, unabhängig von den Motiven und Intentionen der Akteure (Meuser 2002, 60). Männliches Gewalthandeln bewegt sich also innerhalb der Geschlechterordnung und wird deshalb von Geschlechtsgenossen zum Teil stillschweigend, manchmal auch offensichtlich toleriert, auch wenn es der Rechtsordnung widerspricht. Das zeigt sich beispielsweise in dem Täter gegenüber nachsichtigen Urteilen in Vergewaltigungsprozessen oder im Verständnis älterer Männer für die Schlägereien unter männlichen Jugendlichen (Meuser 2002, 70).

Die Auseinandersetzung um das Verhältnis von Männlichkeit und Gewalt soll nun am Beispiel qualitativer Forschung im Jugendstrafvollzug differenziert und vertieft werden (Bereswill 1999, 2006, 2007 a, 2007 b). Im Kontext einer qualitativen Längsschnittuntersuchung in zwei Studien („Gefängnis und die Folgen" und „Labile Übergänge") am Kriminologischen Forschungsinstitut Niedersachsen (KFN) wurden 43 junge Inhaftierte zu Beginn ihrer Haftstrafe in drei verschiedenen Jugendvollzugsanstalten Ost- und Westdeutschlands interviewt. In dreißig Fällen konnte die Untersuchung nach der

Entlassung fortgesetzt werden, so dass eine über sieben Jahre währende Rekonstruktion von biographischen Prozessen möglich war (Bereswill 2007b, 91).

Das Gefängnis ist eine Institution, in der Männlichkeit und Gewalthandeln in einer spezifischen Konstellation miteinander verknüpft sind. Die heranwachsenden Männer im Jugendstrafvollzug bringen mehrheitlich Gewalterfahrungen mit – als Täter und als Opfer. Junge Männer mit spezifischen Opfer-Täter-Ambivalenzen treffen im Gefängnis auf eine Spannung zwischen Selbstgefährdung und Selbstverteidigung in der alltäglichen Interaktion in der Gruppe der Inhaftierten. „Im hermetischen Raum Gefängnis spitzen kulturelle Leitbilder von harter Männlichkeit sich zu, sie werden überbelichtet und verweisen zugleich auf ihre ausgeblendete Kehrseite: auf die grundsätzliche Verletzungsoffenheit des Subjekts, die abgewehrt und umgedeutet werden muss, um der alltäglichen Gefährdung zu entgehen“ (Bereswill 2007a, 108). Im Gefängnis – im institutionellen Kontext von Geschlossenheit und dem damit einhergehenden Autonomieverlust, wird Männlichkeit zur Ressource der Selbstverteidigung, verbunden mit einem Ideal wehrhafter Männlichkeit, „aus der alles Weiche, Verletzliche ausgegrenzt bleiben soll. (...) Wer zum Opfer von Gewalt oder Vergewaltigung wird, sich unterdrücken lässt, dem droht der Männlichkeitsverlust, er wird mit Weiblichkeit markiert“ (ebd.) und mit entsprechenden Bezeichnungen als „Fotze“, „Muschi“ oder „Schmachthaken“ versehen. Dem gegenüber stehen die männlichen Klassifizierungen wie „Rüden“, „Hirsche“ oder „Wölfe“. In welcher Klassifizierung sich die jungen Männer finden, hängt maßgeblich vom guten Überstehen der Ankunftssituation ab, vom Ergebnis des Testens, Einschätzens und Taxierens als „Frischfleisch“ durch die Gruppe der Inhaftierten. Die folgende Interviewsequenz aus einem westdeutschen Wohngruppenvollzug ist typisch für die Erzählungen junger Männer über die Ankunft im Gefängnis: „Ich bin hier reingekommen und hatte auch Schiss gehabt. Hab das nicht so gezeigt. Ich bin, ich hab gedacht, ‚ach was soll's, hier drinnen ist es genauso wie draußen‘. Bin dann genauso cool und lässig, wie ich draußen halt rumgegangen bin, auch hier in der Freistunde rumgegangen. Da hat man mich halt so angeguckt, was ich so für einer bin und so. Das ist mir am Arsch vorbeigegangen" (Bereswill 2007a, 109).

In der Interpretation der Sequenz weist Mechthild Bereswill darauf hin, dass die Botschaft des jungen Mannes an die Forscherin und an die anderen Inhaftierten der Szene lautet, dass er seine Affekte und seinen Körper unter Kontrolle hat. Er kennt die Regeln, gibt sich cool und besteht die Bewährungsprobe. Körper und Geschlecht erweisen sich unter einer handlungstheoretischen Perspektive „als ineinander verschränkte Ressourcen der Selbstverteidigung; die latente Gewalt der Szene stützt die soziale Ordnung in der Gruppe und bedroht sie zugleich im anvisierten Kampf um die Rangordnung zwischen den Akteuren" (ebd.). Gleichzeitig verweist die Sequenz darauf, dass die Angst (der „Schiss") vor den Übergriffen durch andere nicht durch ein „cooles" Auftreten in der ersten Freistunde verschwindet. Hier stellt Bereswill die Frage nach den „Leerstellen" der überdeterminierten Posen männlicher Selbstdarstellung: „Was geschieht mit den Opfer-ängsten von Männern, was mit ihrer existentiellen Erfahrung von alltäglicher Angst (nicht nur) im Gefängnis?" (ebd.).

Die Abwehr eigener Schwäche findet sich in vielen Interviews, die Inhaftierten erzählen über „Stress" in der Gruppe und beteuern, selbst nicht Opfer zu sein. Angst vor der eigenen Gruppe wird, wenn sie ausgesprochen wird, häufig im gleichen Atemzug wieder zurückgenommen: „‚Also ehrlich gesagt ich hab's mir härter vorgestellt' – so lautet eine sehr typische Aussage ... Solche augenscheinlichen Rationalisierungen von Angst, verbunden mit der Relativierung oder auch Verleugnung einer tatsächlich dauerhaften Gefährdung der eigenen Sicherheit kaschieren die Angst und die Verletzungsoffenheit des Einzelnen" (Bereswill 2007a, 110). In der qualitativen Forschung wird deutlich, dass Gewalt eine rationale Ressource der Verteidigung von Männlichkeit sein mag, dass diese Strategie aber auch mit Angst und Schmerz verbunden ist und auf unbewusste Konflikte verweist, die durch strategisches Handeln nicht wirkungslos werden. Indem Bezug auf dominante Symbolisierungen wehrhafter Männlichkeit genommen und die Männergruppe als Ort der wechselseitigen Anerkennung in Anspruch genommen wird, wird eine Opfer-Täter-Ambivalenz, das Schwanken zwischen eigener Verletzungsoffenheit und Verletzungsmacht auf der Handlungsebene kaschiert, aber im Inneren der Akteure nicht grundsätzlich beigelegt (Bereswill 2007 a, 111). Mit Hilfe einer solchen psychodynamisch orientierten Lesart eines Konflikts wird deutlich, dass die kulturelle Verknüpfung von Männlichkeit und Gewalt, Identitätsangebote und -zwänge und (männliche) Subjektivität nicht ineinander aufgehen: „Männlichkeit ist keine reibungslose Größe, sie ist in sich widersprüchlich. Was auf der Ebene eindeutiger, binär codierter Zuschreibungen abgespalten werden kann – Schwäche, Weiblichkeit und das Begehren zwischen Männern – wirkt in den (unbewussten) Ängsten und Wünschen des Subjekts weiter“ (Bereswill 2007 a, 111 f.).

8.4 Weiblichkeit und Gewalt

Die Ausübung körperlicher Gewalt durch Mädchen und Frauen widerspricht Geschlechterstereotypien, die Weiblichkeit mit Friedfertigkeit, Anpassung und Empathie verbinden. Insbesondere das Stereotyp von der „friedfertigen Frau“ (Margarethe Mitscherlich) ist im Alltagsbewusstsein, aber auch in psychologischen Diskursen nach wie vor verbreitet. Dem folgend bringen Mädchen und Frauen Aggressionen nur versteckt oder indirekt zum Ausdruck und sie verfügen über Konfliktmuster, in denen Aggressionen mehr gegen sich selbst als gegen andere gerichtet werden. Auch das im Vergleich zu Jungen häufigere Auftreten von Selbstverletzungen und von Essstörungen bei Mädchen und jungen Frauen wird mit solchen geschlechtsbezogenen Anpassungs- und Konfliktverarbeitungsprozessen erklärt.

Erst in den letzten Jahren wird im Zusammenhang mit körperlicher Gewalt nicht mehr nur der Opferstatus von Mädchen und Frauen thematisiert. Vielmehr geraten Frauen als Täterinnen in den Blick: von Frauen ausgeübte körperliche und sexuelle Gewalt an Kindern, Gewalt von Frauen in heterosexuellen und lesbischen Paarbeziehungen und gewaltbereite Mädchen und junge Frauen in Cliquen, Jugendgruppen und rechtsextremen Zusammenhängen werden (öffentlich) diskutiert und erste empirische Untersuchungen werden durchgeführt (Elz 2009). Die Tatsache, dass Gewalttaten von Mädchen und Frauen überhaupt wahrgenommen werden, verweist auf einen Wandel in der Wahrnehmung von Geschlechterverhältnissen.

Dazu gehört auch, Jungen und Männer als Opfer mit in den Blick zu nehmen. So kann stereotypen und polarisierenden Vorstellungen von Weiblichkeit und Männlichkeit entgegengewirkt werden.

Die einseitige Wahrnehmung von Frauen als Opfer von männlicher Gewalt kann die Komplexität von Gewaltprozessen im familiären Kontext, d.h. im Generationenverhältnis verfehlen. So können Frauen im Kontext des Geschlechterverhältnisses Opfer männlicher Gewalt sein, gegenüber ihren Kindern, also im Generationenverhältnis, hingegen selbst gewalttätig handeln (Brückner 2006). Margrit Brückner betont in ihrer Untersuchung „Wenn misshandelte Frauen ihre Kinder misshandeln“, dass sich bei komplexen Problemlagen familialer Gewalt, Liebe und Gewalt nicht ausschließen und Zuwendung und Zwang in besonderer Weise zusammengehen können. „So erscheinen im häuslichen Kontext gewalttätige Handlungsweisen als legitim, die es gegenüber Fremden nicht wären: Sexuelle Übergriffe werden maskiert als Zuwendung, Schläge erscheinen als Fürsorge, Brutalität vermischt sich mit Bedürftigkeit. Diese Vermischungen ermöglichen Tätern, ihre Tat zu negieren, und bewirken bei Opfern Verhaltens- und Gefühlverunsicherungen bis hin zu Traumatisierungen. ... Dass Frauen prinzipiell ebenso wie Männer zu Gewalt fähig und in ihren Dominanzbereichen auch gewalttätig sind, sollte weder dazu verleiten, diese gewalttätige Seite von Frauen zu verharmlosen, noch dazu, daraus eine Relativierung männlicher Gewalt abzuleiten“ (Brückner 2006, 211 f.). Für Professionelle in der Sozialen Arbeit gilt es, den Blick für solche vielschichtigen Beziehungsgeflechte zu schärfen.

Seit den 1990er Jahren sind gewaltorientierte und gewaltbereite Mädchen, zunächst in rechtsextremen Zusammenhängen, dann auch in Jugendgruppen und Cliquen, im Blickfeld von empirischen Untersuchungen. Es gibt übereinstimmende Wahrnehmungen einer zunehmenden Präsenz von Mädchen in gewaltbereiten Gruppen, aber offene Fragen, in welchem Ausmaß Mädchen und junge Frauen tatsächlich Gewaltdelikte begehen. Bei den Körperverletzungsdelikten liegt das Verhältnis der weiblichen und männlichen Tatverdächtigenbelastungszahlen in den letzten Jahren bei eins zu fünf bis eins zu sechs (Wittmann 2004, 262; Bruhns 2009), aber Differenzen zwischen Hell- und Dunkelfeldstudien, also Tatverdächtigenstatistik und selbstberichteter Delinquenz, seien nicht geklärt. Weitere Forschungsfragen gelten den Bedingungen und Ursachen von Gewaltdelinquenz von Mädchen und Jungen.

Als ein Beispiel dieser Forschung beziehe ich mich auf die Ergebnisse einer am Deutschen Jugendinstitut (DJI) von Kirsten Bruhns und Svendy Wittmann durchgeführten qualitativen Untersuchung „Mädchen und Gewalt: Eine Untersuchung zum jugendgruppentypischen Umgang mit Gewalt" (Bruhns/Wittmann 2002, Bruhns 2003, Wittmann 2004, Bruhns 2009). Die Autorinnen haben im Abstand von einem Jahr Gruppendiskussionen mit vier gewaltauffälligen Cliquen (zwei Mädchengruppen und zwei gemischtgeschlechtliche Gruppen) und Einzelinterviews mit Jugendlichen geführt. In den Gruppen zeigte sich bei Jungen und Mädchen eine hohe Gewaltakzeptanz von körperlichen Gewaltübergriffen gegenüber Personen, die nicht zur Gruppe gehören, die Anwendung körperlicher Gewalt ist für die weiblichen Mitglieder aller befragten Gruppen ein „geläufiges Muster der Konflikt- und Problemlösung" (Bruhns 2003, 215). Auf der Grundlage sozialkonstruktivistischer Theorieansätze (siehe Kapitel 2) haben Bruhns und Wittmann einen Zusammenhang zwischen den Gewaltorientierungen weiblicher Jugendlicher und deren Auflehnung gegen Unterordnungsverhältnisse und geschlechterstereotype Handlungseinschränkungen herausgearbeitet. Gewalt wird in das Weiblichkeitskonzept der befragten Mädchen integriert. „Sie beanspruchen mit der Gleichsetzung von Durchsetzungsfähigkeit und Gewaltausübung bzw. -bereitschaft Anerkennung und Wertschätzung ..." (Bruhns 2003, 225). Gleichzeitig zeigen die Mädchen bei der Thematisierung von Partnerschaft, körperlicher Attraktivität, beruflicher und familialer Lebensentwürfe „herkömmliche geschlechterstereotype Orientierungen" (Bruhns 2003, 225). Bruhns (2009) bezieht die biographische Forschung von Mirja Silkenbeumer (2007) in ihre Überlegungen zur Mädchengewalt mit ein: „Hier zeigt sich, dass die weiblichen Jugendlichen sich über ein gewalttätiges Verhalten mit Erfahrungen der Ohnmacht, der Abwertung und Erniedrigung in der Familie und im Gleichaltrigenkontext auseinandersetzen bzw. versuchen, derartigen Erlebnissen entgegenzuwirken und entsprechende Gefühle abzuwehren" (Bruhns 2009, 184). Warum Mädchen körperliche Gewalt ausüben, ist keine einfach zu beantwortende Frage, die bisherigen Forschungsergebnisse tragen aber dazu bei, die Aufmerksamkeit für belastende und gefährdende Lebenssituationen zu schärfen (Bruhns 2009, Silkenbeumer 2011). Mehrere Mädchen bezeichnen sich bei der zweiten Erhebung von Wittmann und Bruhns nicht mehr als gewaltbereit. Von einer Neupositionierung bzw. einem Wandel im Geschlechterverhältnis lässt sich aufgrund der bisherigen Ergebnisse nicht sprechen, dazu bedürfte es langfristig angelegter Untersuchungen.

Die Gewaltbereitschaft und das Gewalthandeln von Mädchen ist auf jeden Fall ein Phänomen, das weiterer Forschung bedarf. Geschlechtertheoretisch betrachtet handelt es sich für Mädchen und junge Frauen um einen Zuwachs an Handlungsoptionen, in dem sie den Möglichkeitsraum Adoleszenz für Experimente mit der eigenen Risikobereitschaft, dem eigenen Durchsetzungsvermögen und für den Kampf um Anerkennung nutzen. Konflikt- und biographietheoretisch verweist das Gewalthandeln der jungen Frauen zugleich auf ungelöste Autonomie- und Abhängigkeitskonflikte und auf tiefe, lebensgeschichtlich erworbene Verletzungen der eigenen Subjektivität. Diese Ambivalenz im Umgang mit Gewalt teilen junge Frauen und junge Männer (Bereswill 2010).

Weiterführende Literatur

Elz, Jutta (Hrsg.) (2009): Täterinnen. Befunde, Analysen, Perspektiven. Kriminologie und Praxis (KUP). Schriftenreihe der Kriminologischen Zentralstelle e.V. (KrimZ), Band 58

GiG-net (Hrsg.) (2008): Gewalt im Geschlechterverhältnis. Erkenntnisse und Konsequenzen für Politik, Wissenschaft und soziale Praxis. Opladen und Farmington Hills

Stövesand, Sabine (2007): Mit Sicherheit Sozialarbeit! Gemeinwesenarbeit als innovatives Konzept zum Abbau von Gewalt im Geschlechterverhältnis unter den Bedingungen neoliberaler Gouvernementalität. Münster, Hamburg

9

9. Geschlechterbewusste Soziale Arbeit

Ansätze geschlechterbewusster Sozialer Arbeit sind im Kontext der Frauenbewegung seit Ende der 1970er Jahren zunächst mit und für Frauen entwickelt worden (vgl. Kapitel 4). Besonderes Interesse gilt seit den 1980er Jahren der Konzipierung von Mädchen- und Jungenarbeit, welche in der folgenden Darstellung fokussiert wird, in dem die Geschichte und gegenwärtige Diskussion dieser Ansätze aufgezeigt werden. Im Zuge der Bildungsdebatten, des Ausbaus von Ganztagsangeboten an Schule und der Kooperation von Jugendarbeit und Schule bekommen geschlechtsbewusste Angebote einen neuen Stellenwert. Darüber hinaus werden in diesem Kapitel Ansätze der Sozialen Arbeit mit Frauen und mit Männern skizziert, die ihre Wurzeln jeweils in der Frauenbewegung und der Männerbewegung verorten. Abschließend sollen Facetten einer geschlechterbewussten Grundhaltung herausgearbeitet werden.

Wie im vierten Kapitel beschrieben, liegen die Ursprünge der Mädchenarbeit, in den Analysen und Initiativen feministischer Pädagoginnen am Ende der 1970er/Anfang der 1980er Jahre. Die ersten Ansätze von Mädchenarbeit beinhalten eine Kritik an der bisherigen an Jungen orientierten Jugendarbeit und an der Aufteilung von Räumlichkeiten und pädagogischen Angeboten, die nicht auf die Bedürfnisse von Mädchen ausgerichtet sind. Von entscheidender

Bedeutung ist 1984 die Veröffentlichung des 6. Jugendberichts der Bundesregierung „Verbesserung der Chancengleichheit von Mädchen in der Bundesrepublik Deutschland“. An der Erstellung des Berichts und den dazugehörigen Expertisen sind Frauenforscherinnen und Mädchenarbeiterinnen maßgeblich beteiligt. Deren Ergebnisse zeigen, dass Mädchen im gesamten System der Jugendhilfe systematisch benachteiligt und ihre spezifischen Bedürfnisse nicht erkannt werden (Fleßner 2000, 76). Der Bericht verweist auf die strukturelle Benachteiligung von Mädchen im Geschlechterverhältnis, dem Nichtwahrnehmen von Mädchen und deren Erfahrungen, welche teilweise auch von Gewalt geprägt sind. Die Empfehlungen der Kommission zur Mädchenarbeit in der Jugendhilfe zielen darauf hin, „Aktivitäten öffentlich anzuerkennen und zu fördern, die versuchen, Mädchen bei der Entwicklung und Verteidigung eines eigenständigen Lebensentwurfs zu unterstützen“ (Bundesregierung 1984, 54, zit. n. Fleßner 2000, 76). Bis heute ist der 6. Jugendbericht die umfassendste Bestandsaufnahme und Darstellung der Situation von Mädchen in allen gesellschaftlichen Bereichen, die im Rahmen der Jugendberichte vorgenommen wurde.

Durch das Engagement von Frauen aus der Frauenbewegung und unterstützt durch den 6. Jugendbericht, findet Mädchenarbeit in die unterschiedlichen Bereiche der Jugendhilfe Eingang. Es entstehen autonome feministische Mädchenprojekte, Mädchengruppen in der offenen Kinder- und Jugendarbeit, Mädchenarbeitskonzepte in Jugendverbänden und eigene Einrichtungen für Mädchen und junge Frauen in der Jugendsozialarbeit (Treffs, Werkstätten) und der Heimerziehung (Mädchenwohngruppen). Ziel der Arbeit mit Mädchen ist deren Unterstützung zum selbstbewussten und eigenverantwortlichen Handeln, Mädchen sollen ihren eigenen Lebensweg bewusst und aktiv gestalten. Die Stärkung des (weiblichen) Selbstvertrauens, das Bewusstmachen von Rollenstereotypien und die Entwicklung von Alternativen sowie die Artikulation und Durchsetzung eigener Interessen und Bedürfnisse sind weitere Ziele, die in den 1980er Jahren die Mädchenarbeit in Westdeutschland bestimmen.

Mit dem Inkrafttreten des Kinder- und Jugendhilfegesetzes, in Ostdeutschland am 3. Oktober 1990, in Westdeutschland am 1. Januar

1991, wird durch den § 9, Abs. 3 erstmalig der Verankerung von Angeboten der Mädchen- und Jungenarbeit Ausdruck verliehen: „bei der Ausgestaltung der Leistungen und der Erfüllung der Aufgaben sind die unterschiedlichen Lebenslagen von Mädchen und Jungen zu berücksichtigen, Benachteiligungen abzubauen und die Gleichberechtigung von Mädchen und Jungen zu fördern“ (§ 9,3 SGB VIII). Dass geschlechtsbezogene Arbeit mit Mädchen und Jungen eine Querschnittsaufgabe der Kinder- und Jugendhilfe in Deutschland geworden ist, ist ein weiterer Erfolg der Frauenbewegung. Durch die Gesetzgebung erhält geschlechterreflexive Arbeit eine juristische Basis als Leitlinie für die Kommunen. Tatsächlich gibt es jedoch (bis heute) keine Sanktionsmöglichkeiten bei einer fehlenden Einhaltung des § 9, Abs. 3. Angesichts der Einsparungen in den kommunalen Haushalten wird also weiterhin um eine strukturelle Verankerung der fachlichen Ausgestaltung von Angeboten für Mädchen und Jungen gerungen.

In Ostdeutschland entsteht nach 1990 im Kontext des Transformationsprozesses und der Etablierung westdeutscher Strukturen unter der Maßgabe des neuen Kinder- und Jugendhilfegesetzes der Handlungsdruck, Angebote für Mädchen und junge Frauen in der gesellschaftlichen Umbruchsituation zu entwickeln. Der Aufbau einer Arbeit mit Mädchen und jungen Frauen ist gleichzeitig mit der Schaffung von Arbeitsplätzen für Frauen verbunden. Die Angebote richten sich auf eine Verbesserung der Bildungs- und Berufschancen, auf Freizeitmöglichkeiten, Kultur und Beratung. Frauen aus den verschiedenen Frauenprojekten (z.B. Frauenzentren, Frauenbibliotheken, Frauenkulturvereine, Frauenhäuser) orientieren sich in ihrer Gestaltung der Angebote an der Nachfrage nach Qualifizierungshilfen, Arbeitslosentreffpunkten, Rechts- und Krisenberatungen und den Förderungsbedingungen durch Arbeitsbeschaffungs- und Strukturanpassungsmaßnahmen.

In der weiteren gesellschaftlichen Entwicklung wird Ende der 1990er Jahre von einer Angleichung der Lebenslagen von Mädchen und Jungen gesprochen. Die Shell-Jugendstudie 2000 stellt fest, dass „typisch weibliche oder männliche Lebensmuster bei Werten, Zukunftsvorstellungen und Lebenskonzepten“ (Werthmanns-Reppekus 2008, 105) abnehmen würden. Junge Frauen orientieren sich selbstverständlich an Erwerbstätigkeit und Familiengründung und sie erzielen die besseren Durchschnittsnoten in schulischen Abschlüssen als Jungen. Diskurse um die Veränderung von Weiblichkeit bestimmen die Medien und die Sozialwissenschaften: Moderne Mädchen und junge Frauen sind selbstbewusst, stark, sie wissen, was sie wollen, und sie setzen sich durch.

Barbara Stauder hat sich bereits 1999 unter der Überschrift „Starke Mädchen – kein Problem?“ mit Mädchenbildern und den Ansprüchen, die Mädchen an sich haben, beschäftigt. Stauder betont, dass Mädchenbilder in komplexer Weise auf die gesellschaftliche und die subjektive Seite des Aufwachsens verweisen. „Das neue Mädchenbild stellt ein Mädchen vor, das selbstbewusst ist, geradeheraus ihre Meinung sagt, sich von niemandem in ihre Pläne reinreden lässt, sehr klar Bescheid weiß über sich und die Welt, in der sie sich bewegt, und trotzdem Spaß hat, viel Spaß. Natürlich sieht sie obendrein noch gut aus, ist sich ihres Körpers bewusst, genießt ihn, nutzt ihn als Quelle der Lust. Sie weiß Bescheid über Trends, sie kennt sich aus, ohne dabei ihre Besonderheit zu verlieren. Sie wird ihren Weg gehen“ (Stauder 1999, 54). Die neuen Mädchenbilder produzieren Druck, Wünsche, ihnen zu genügen, Zweifel, ihnen nicht zu genügen, und Erfahrungen, sie nicht zu erreichen. Dabei wird deutlich, dass die Bilder vom starken Mädchen ebenso einseitig sind wie die vielfach kritisierten Bilder vom Mädchen als Opfer. Die Vielschichtigkeit, Zwiespältigkeit, Widersprüchlichkeit und Gleichzeitigkeit unterschiedlicher Erfahrungen von Mädchen wird so verdeckt: stark und verletzlich, aktiv und hilflos, mutig und zurückhaltend, widerständig und eingeschränkt, aggressiv und vorsichtig zu sein. „Mädchen brauchen PädagogInnen, die ihnen Zugänge eröffnen, die durch Widersprüche und Ambivalenzen hindurch Wege zeigen und die mutig genug sind, sich ihren eigenen inneren Zwiespalt, und ihre Ambivalenzen bewusst zu machen und sie auszuhalten“ (Fleßner 2000, 89).

Konzepte von Mädchenarbeit haben sich in den letzten dreißig Jahren auf der Grundlage von Prinzipien wie Parteilichkeit, Ganzheitlichkeit, Lebenslagenorientierung und Partizipation entwickelt und etabliert. In der Auseinandersetzung mit der Verschiedenheit von Mädchen und jungen Frauen, ihren jeweiligen Themen, Ideen und Problemen findet bis heute eine kontinuierliche Weiterentwicklung statt. Neue Wege in der Praxis und differenzierte Angebote, die für Mädchen und junge Frauen von Bedeutung sind, zeigen sich beispielsweise in Themenfeldern wie Ausbildung und Beruf, Gesundheit, Bewegung, Sport, Schutz vor Gewalt, Selbstverteidigung, Aggressionen, Mobbing, Migration und Medien. Darüber hinaus richtet sich mittlerweile nicht mehr nur die Mädchenarbeit mit ihren Angeboten an Mädchen: Hochschulen und Schulen versuchen Mädchen für naturwissenschaftliche Fächer und technische Ausbildungen zu motivieren. So wird seit April 2000 einmal im Jahr bundesweit der „Girls Day" durchgeführt, an dem technische Betriebe, Hochschulen und Forschungszentren berufsorientierende Veranstaltungen für Mädchen anbieten, seit 2011 durch den „Boys Day" mit entsprechenden Angeboten für Jungen ergänzt. Initiativen zur geschlechtsreflexiven Arbeit zum Thema Essstörungen, zur Verhinderung von frühen Schwangerschaften werden aus Bundes- und Landesministerien unterstützt. Das heißt, spezifische Belange von Mädchen werden gesellschaftlich wahrgenommen und mit Angeboten, über die (ursprüngliche) Mädchenarbeit hinaus, gestützt.

In der Mädchenarbeit ist notwendigerweise immer wieder auf gesellschaftliche Veränderungen und Veränderungen in der Kinder- und Jugendhilfe reagiert worden. Gleichzeitig sind Ansätze aus der Mädchenarbeit in die Konzepte der Kinder- und Jugendhilfe aufgenommen worden. Im Zuge von Gender Mainstreaming werden nunmehr Geschlechterperspektiven als Querschnittsaufgaben in allen Bereichen der Kinder- und Jugendhilfe sowie der Sozialen Arbeit generell eingefordert.

Mitte der 1980er Jahre beginnen männliche Fort- und Weiterbildner eine geschlechtsbewusste Jungenarbeit zu konzipieren (Bentheim/Sturzenhecker 2006). Dabei ist ein wichtiger Ausgangspunkt ein aus Mitteln des Bundesjugendplans finanziertes Projekt, das von 1986-88 von der Heimvolkshochschule „Alte Molkerei" im westfälischen Frille durchgeführt wird. Die Entwicklung von Jungenarbeit wird 1988 in dem Abschlussbericht des Modellprojekts „Was Hänschen nicht lernt, ... verändert Clara nimmer mehr!" als notwendige

Ergänzung zur Mädchenarbeit verstanden und aus einer Kritik „am tradierten Geschlechterverhältnis“ begründet (Heimvolkshochschule Alte Molkerei Frille 1988, 60). Der als „antisexistische Jungenarbeit“ entwickelte Ansatz geht auf ein „feministisch beeinflusstes Verständnis zurück, demzufolge sich Jungen an traditionellen Vorstellungen von Männlichkeit – mit Merkmalen wie Dominanz, Leistungsdenken, körperliche Härte gegen sich und andere – orientieren und dies auch weiter tun, wenn dem nicht frühzeitig pädagogisch gegengesteuert wird“ (Bentheim/Sturzenhecker 2006, 154). Inhalte der Jungenarbeit sind die kritische Reflexion alltäglicher Verhaltensweisen, die Jungen zugeschrieben werden, denen mit erfahrungsorientiertem Lernen begegnet werden soll, um sozial und geschlechtlich verträgliche Einstellungen und Handlungsalternativen im Sinne eines partnerschaftlichen Umgangs zu erwerben. Der Abschlussbericht des Modellprojekts (1988) zeigt die intensive Diskussion über die Ziele der Arbeit: „Jungenarbeit, wie wir sie verstehen, muss sich messen lassen an der Frage: Stabilisiert sie die bestehende Vorherrschaft des Mannes oder trägt sie bei zur Gleichberechtigung der Geschlechter?“ (Heimvolkshochschule Alte Molkerei Frille 1988, 74). Die Art und Weise der Umsetzung der Ziele wird auf der Ebene der Wissensaneignung und der Handlungsorientierung „des Erlebens und Erprobens von Fähigkeiten und Fertigkeiten bisher nicht akzeptierter Persönlichkeitsanteile“ (ebd. 75) in diesem Bericht ausführlich dargestellt. Die Arbeitsansätze und Reflexionen über die Rolle des Pädagogen und Erfahrungsberichte aus dem Modellprojekt sind immer noch anregend, sie sind mittlerweile differenziert und vielfach weiterentwickelt und auf andere Arbeitsfelder übertragen worden.

Mit dem Begriff Jungenarbeit werden gegenwärtig alle Arbeitsansätze bezeichnet, die sich geschlechterbezogen mit Jungen beschäftigen. Außerdem sind alle Altersgruppen angesprochen, vom kleinen Jungen bis hin zum männlichen Jugendlichen oder Heranwachsenden. Reinhard Winter plädiert dafür, eine entsprechend differenzierte Sprache zu verwenden und von beispielsweise „sechsjährigen Jungen im Kindergarten“ oder von „männlichen Jugendlichen über 16 Jahre mit Migrationshintergrund, die in ländlichen Regionen aufwachsen“, zu sprechen (Winter 2004, 354). Außerdem weist er darauf hin, dass Junge sein überwiegend problematisierend oder negativ thematisiert wird. „Die Fixierung auf Bereiche, in denen das Junge sein kritisch wird (Schwierigkeiten Mann zu werden) oder wo es zu Schwierigkeiten führt (Hierarchie, Dominanz, Gewalt, Sexualität), stabilisiert eine eingeschränkte Sichtweise, verkoppelt den Begriff ‚Junge' eng mit dem Problematischen und unterschlägt Optionen und Potenziale" (Winter 2004, 354).

Der Blick für mögliche Optionen und Potenziale von Jungen, die Förderung und Unterstützung von Handlungsalternativen sind somit zentral für Jungenarbeit – jeweils bezogen auf die Alters- und Adressatengruppen. Jungenarbeit bezieht sich auf die kritische Reflexion von Geschlechterkonstruktionen und Geschlechterverhältnissen sowie auf die Förderung und Entwicklung von Geschlechtsidentität von Jungen. Dabei soll Jungenarbeit Reflexions- und Experimentierräume für Jungen bieten, in denen diese eigene Haltungen und Lebensentwürfe entwickeln können.

Die inhaltlichen Angebote der Jungenarbeit haben sich in den letzten Jahren erweitert und ausdifferenziert. Jungenarbeit findet in der geschlechtsbewussten Kindertagesbetreuung, in der Offenen Kinder- und Jugendarbeit, in der Alltagsbegleitung und Krisenintervention von Hilfen zur Erziehung und vielen weiteren Kontexten statt. Themen wie Konfliktbewältigung, Gewalt und Aggressionen, Freundschaften, Liebe und Partnerschaft, Sexualität, Arbeit und Beruf, Erwachsenwerden, Alkohol und Drogen, Mut, Angst und Risikoverhalten spielen in dem Leben vieler Jungen eine Rolle. „Nicht jede Jungenarbeit passt zu jedem Jungen", mit diesem Credo lassen sich die Themen an den spezifischen Lebenslagen und verdeckten Bedürftigkeiten von Jungen ausrichten (Bentheim/Sturzenhecker 2006, 164 f.).

Jungen- und Mädchenarbeit sollte zukünftig sowohl geschlechtshomogen als auch heterogen angeboten und weiterentwickelt werden, unter den Stichworten Mädchen- und Jungenarbeit, geschlechtssensible Koedukationen und cross work. Cross work bezeichnet die sozialpädagogische Arbeit von Frauen mit Jungen, von Männern mit Mädchen und die Kooperation der Fachkräfte. Eine geschlechterreflektierte Koedukation, die Jungen und Mädchen jeweils als Gruppen und gemeinsam anspricht, zielt auf eine gleichberechtigte Begegnung von Mädchen und Jungen, die gemeinsam mit sozialpädagogischen Fachkräften gestaltet wird. Dies verlangt von Sozialarbeiterinnen und Sozialarbeitern ein hohes Reflexionsvermögen im Umgang mit den herkömmlichen bipolaren Deutungsmustern von Geschlecht, die schnell die altbekannten geschlechterstereotypen Zuschreibungen hervorrufen können. In einer geschlechtersensiblen Arbeit sollen vielmehr Mädchen und Jungen in ihren vielfältigen Lebenslagen und ihren jeweiligen Bedürfnissen wahrgenommen und die Entwicklungsmöglichkeiten und Handlungsspielräume für beide Geschlechter erweitert werden.

Arbeitsansätze und Konzepte der gegenwärtigen Sozialen Arbeit mit Frauen haben ihre Wurzeln in den autonomen Projekten der Zweiten Frauenbewegung (vgl. Kapitel 4). Hervorzuheben ist hier besonders die Arbeit im Bereich „Gewalt gegen Frauen". So beginnt 1976 in (West-)Deutschland mit der Arbeit von Frauenhäusern eine ausgewiesene Unterstützung für Frauen, die von Gewalt betroffen sind. Zu dieser Zeit werden auch die ersten Notrufe und Beratungsstellen bei Vergewaltigung/sexueller Gewalt gegründet. Ende der 1980er Jahre entstehen die ersten Fachberatungsstellen für Mädchen und Frauen, die sexuellen Missbrauch in der Kindheit erleben oder erlebten, sowie Beratungseinrichtungen für Frauen, die Opfer von Frauenhandel und Zwangsprostitution sind.

Die vielfältigen Strukturen und Arbeitsbereiche von Angeboten für Frauen lassen sich hier nicht wiedergeben, sondern nur in gebündelten Themenbereichen andeuten: Gesundheit, Bildung und Beschäftigung, Migration, Wohnungslosigkeit, stadtteilorientierte Angebote. Eine bewusste Ausrichtung der jeweiligen Angebote auf die Interessen, Bedürfnisse und Problemlagen von Frauen und Mädchen ist Voraussetzung für eine geschlechterbewusste Soziale Arbeit mit Frauen. Eine solche Arbeit zielt auf die Unterstützung bei der Erschließung von Ressourcen und einer eigenständigen Lebensführung, die Auseinandersetzung mit geschlechterstereotypen Zuschreibungen und Beschränkungen sowie auf eine Erweiterung von Handlungsmöglichkeiten und die Eröffnung vielfältiger Lebensformen. Themen und Arbeitsansätze von Frauenprojekten sind im Laufe der Jahrzehnte von unterschiedlichen Trägern und Einrichtungen aufgegriffen worden und Frauen- und Mädchenprojekte haben sich sozialarbeiterischen Dachverbänden angeschlossen, so dass eine inhaltliche und organisatorische Ausdifferenzierung von Angeboten für Frauen stattgefunden hat. Neben Fragen der finanziellen Absicherung von Frauenprojekten steht im Zuge von Gender Mainstreaming die Weiterentwicklung geschlechterreflektierender Arbeitsansätze für Frauen und Männer auf der Tagesordnung.

Im Gegensatz zur Fachdiskussion der Jungenarbeit hat sich eine geschlechtersensible Soziale Arbeit mit entsprechender Aufmerksamkeit für geschlechtlich konturierte Probleme von Männern kaum entwickelt (Scherr 2010). Die Bedeutung von Männlichkeit für Adressaten Sozialer Arbeit ist bislang wenig berücksichtigt worden. Die Wahrnehmung von spezifischen Belastungen, die mit der Konstruktion von Männlichkeit, Erwartungsunterstellungen und konflikthaften Verarbeitungsformen verbunden sind, gerät in Theorie und Praxis der Sozialen Arbeit kaum in den Blick. Konkrete Arbeitsansätze und Erfahrungen mit Männerarbeit finden sich vielmehr im Bereich der freien Träger, die im Kontext von Männerinitiativen und Männerbüros seit den 1980er Jahren entstanden sind. Die Ansätze konzentrieren sich auf die allgemeine Beratungs- und Bildungsarbeit und den Schwerpunkt der Täter- und Opferarbeit (Brandes 1998). Im Kontext der Männerarbeit haben Männerinitiativen die Verunsicherung von Männern in ihrer Auseinandersetzung mit Männlichkeit aufgegriffen und Vaterschaft, Väterlichkeit, Gewalt, Homosexualität, Gesundheit, Beruf und Erwerbslosigkeit thematisiert. Die Beratungs- und Gruppenangebote der Projekte befinden sich meistens in größeren Städten und erreichen bislang nur einen kleinen Kreis (problembewusster) Männer und arbeiten eher im Verborgenen. So haben sich im November 2010 bereits vernetzte Initiativen in einem „Bundesforum Männer – Interessenverband für Jungen, Männer und Väter e. V.“ als Resultat einer Kooperation von bundesweit aktiven Organisationen der Männer-, Väter-, und Jungenarbeit und Forschungsinstitutionen zusammengeschlossen.

Die zentrale Herausforderung im alltäglichen Handeln einer geschlechterbewussten Sozialen Arbeit besteht in allen Arbeitsbereichen in der Entwicklung einer reflexiven Grundhaltung. Das bedeutet, Fachkräfte sollten sich immer wieder Fragen stellen, um geschlechtsbezogene Verhaltensweisen und Deutungen wahrnehmen zu können:

- Was tun die Adressatinnen und Adressaten, damit sie als Mädchen oder Frau, als Junge oder Mann erkennbar sind?
- Welche Strategien oder Verhaltensweisen dienen zur Inszenierung von Weiblichkeit oder Männlichkeit?
- Welchen Beitrag leisten die Fachkräfte zu der Konstruktion von Geschlechtsunterschieden, die sich auf das kulturelle System der Zweigeschlechtlichkeit stützen?
- Mit welchen Erwartungsunterstellungen begegnen Fachkräfte den Adressatinnen und Adressaten?
- Was tragen die Strukturen und Rahmenbedingungen zur Reproduktion von Zweigeschlechtlichkeit bei?
- Wo gibt es Möglichkeiten, die institutionalisierten Reproduktionsweisen der Geschlechterdifferenz zu verändern?

Soziale Arbeit ist also gefordert, ihre Wahrnehmungs- und Deutungsschemata sowie ihre Handlungsoptionen und Aktivitäten zu hinterfragen, nicht allein im Hinblick auf Geschlecht. Wenn eine solche reflexive Grundhaltung in der Sozialen Arbeit zum Standard professionellen Handelns zählt, ist eine geschlechterbewusste Arbeit selbstverständlich und geht in einer diversitätsbewussten Sozialen Arbeit auf, die Konstruktionen und Vorurteile, Abwertungen und Ausgrenzungen aufgrund von kulturellen Zuschreibungen, Ethnizität, sexueller Orientierung, Alter, Behinderung und Krankheit reflektiert.

Weiterführende Literatur

Bentheim, Alexander/Sturzenhecker, Benedikt (2006): Jungenarbeit – Entwicklung und Stand in Deutschland. In: Zander, Margherita/Hartwig, Luise/Jansen, Irma (Hrsg.) (2006): Geschlecht Nebensache? Zur Aktualität einer Gender-Perspektive in der Sozialen Arbeit. Wiesbaden, S. 153-168

Betrifft Mädchen 3/2011: Thema: wachsen – warten – wüten. 24. Jg. Heft 3, Juli 2011

Scherr, Albert (2010): Männer als Adressatengruppe und Berufstätige in der Sozialen Arbeit. In: Thole, Werner (Hrsg.): Grundriss Soziale Arbeit. Ein einführendes Handbuch. 3., überarbeitete und erweiterte Auflage. Wiesbaden, S. 559-568

10

10. Gleichstellungspolitik und Gender Mainstreaming

Einrichtungen und Träger der Sozialen Arbeit stehen vor der Aufgabe der Umsetzung des Gender Mainstreamings, einer Strategie der Politik, die darauf abzielt, Chancengleichheit der Geschlechter zu gewährleisten. Dazu wird folgend die geschichtliche Entwicklung der rechtlichen Gleichstellung von Männern und Frauen nachvollzogen, um darin Gleichstellungspolitiken einordnen zu können. Dafür werden in diesem Kapitel zunächst kurze historische Erläuterungen vorgenommen, um anschließend das Konzept des Gender Mainstreaming darzustellen und zu diskutieren.

Im 19. Jahrhundert wird die Vorstellung, dass Frauen und Männer grundlegend verschieden seien, biologisch begründet und rechtlich abgesichert. Eine ungleiche Behandlung von Frauen und Männern wird entsprechend auch in den Gesetzen und in der Rechtsprechung vor Gericht als legitim betrachtet. Das Modell einer grundlegenden Verschiedenheit der Geschlechter verändert sich aber spätestens zu Beginn des 20. Jahrhunderts dahingehend, dass den Geschlechterdifferenzen eine Gleichwertigkeit beigemessen wird. Mit den Kämpfen der Frauenbewegungen um die Zulassung von Frauen zum Abitur, zum Studium und für das passive und aktive Wahlrecht werden immer stärker Vorstellungen von Gleichberechtigung und prinzipieller rechtlicher Gleichheit öffentlich thematisiert. Jedoch gelang es erst nach dem zweiten Weltkrieg 1949, die Gleichberechtigung von Frauen und Männern im Grundgesetz der Bundesrepublik und in der Verfassung der DDR zu verankern. Nach Kriegsende kommt es in allen vier Besatzungszonen zur Gründung sogenannter „Frauenausschüsse". Diese „verstanden sich als Wiedergründung der alten bürgerlichen Frauenbewegung, die mit dem Beginn des Nationalsozialismus im Jahr 1933 ihr Ende gefunden hatte, und griffen deren – nach wie vor uneingelöste – Gleichberechtigungsforderungen wieder auf. Gleichberechtigung sahen sie als ein selbstverständliches Menschenrecht an und forderten deshalb in aller Deutlichkeit Frauenrechte ein, ohne die in ihren Augen eine Demokratie nicht möglich war" (Schüller 2008, 1). Dieses Engagement führt 1949 zur Verankerung des Satzes „Männer und Frauen sind gleichberechtigt" im Grundgesetz (Art. 3 Abs. 2). Weiter heißt es: „Der Staat fördert die tatsächliche Durchsetzung der Gleichberechtigung von Frauen und Männern und wirkt auf die Beseitigung bestehender Nachteile hin" (Art. 3 Abs. 2 GG). Der Gleichberechtigungsartikel im Grundgesetz wird, nachdem er zweimal ablehnt worden war, erst unter dem Druck der weiblichen Öffentlichkeit angenommen. In der Verfassung der DDR wird der Gleichberechtigungsgrundsatz „Mann und Frau sind gleichberechtigt" als Artikel 7 festgeschrieben und 1949 entsprechend vom Deutschen Volkskongress verabschiedet. Die globale Verankerung des Gleichberechtigungsprinzips findet 1979 durch die Ratifizierung der UN-Konvention zur Beseitigung jeder Form der Diskriminierung der Frau statt. Sie zählt zu den sechs Kernkonventionen der globalen Menschenrechte und wird meistens mit dem englischen Kürzel CEDAW benannt: Convention on the Elimination of all Forms of Discrimination against Women. Mittlerweile ist also das Ziel, Gleichberechtigung zu garantieren, Geschlechterverhältnisse gerechter zu gestalten und geschlechtsbezogene Diskriminierung zu beenden, in dem in Deutschland geltenden Recht vielfach verankert (Baer 2004, 73). Dabei verfügt das Recht über verschiedene Steuerungsformen: Verbote, Gebote, Verfahren, Anreize und Programme. Gleichstellungspolitik ist dementsprechend ein Politikfeld, dessen Maßnahmen darauf zielen, mehr Gerechtigkeit zwischen den Geschlechtern herzustellen.

Die rechtliche Grundlage für Gleichstellungspolitik bildet, wie schon oben dargestellt, der Artikel 3 des Grundgesetztes sowie die Gleichstellungs- und Antidiskriminierungsgesetze der EU und die unterzeichneten Konventionen der UNO. Ein Blick in die jüngere Geschichte zeigt, dass sich die Umsetzung des Gleichberechtigungsgrundsatzes nach 1949 in der BRD sehr langsam entwickelt hat. Ehe- und Familienrecht, Regelungen im Arbeitsrecht und verschiedene sozialpolitische Regelungen schreiben Benachteiligungen von Frauen fest und bedürfen (in einigen Bereichen bis heute) einer Veränderung. Es dauerte bis 1957, bis das erste Gleichberechtigungsgesetz verabschiedet wurde. Bis dahin stand dem Mann das Entscheidungsrecht in allen, das gemeinschaftliche Leben der Eheleute betreffenden Angelegenheiten zu, wie beispielsweise die Entscheidung über den Wohnsitz. Trotz des Gesetzes durften Frauen aber nur erwerbstätig sein, wenn es mit ihren Pflichten in Ehe und Familie vereinbar war. Das Leitbild der Hausfrauenehe hatte also weiterhin Bestand. Erst 1977 wird mit der Reform des Ehe- und Familienrechts diese „natürliche" Arbeitsteilung und Abhängigkeit der Frau von dem Ehemann aufgehoben.

In der DDR steht die Erwerbstätigkeit der Frauen im Vordergrund. Dafür besteht (für jede Familie) ein Anspruch auf öffentliche Kinderbetreuung für Kinder aller Altersgruppen in Krippe, Kindergarten und Hort, die ganztags gewährleistet wird. Frauen und Männer gelten gleichermaßen über Erwerbsarbeit in die Gesellschaft integriert und es bildet sich eine Familienform heraus, die auf einem Beitrag beider Partner zur ökonomischen Existenzsicherung beruht (Dölling 2005). Themen wie die Doppelbelastung von Frauen, die Arbeitsteilung in der Familie oder Gewalt im Geschlechterverhältnis werden bis zur friedlichen Revolution und der politischen Wende 1989 kaum öffentlich thematisiert (zu Frauen der DDR-Opposition und der Bürgerbewegungen Miethe 1999).

Die Institutionalisierung der Frauen- und Gleichstellungspolitik beginnt in Westdeutschland Ende der 1970er Jahre. So wird in Hamburg 1979 eine „Leitstelle für die Gleichberechtigung der Frau" als eigenständige Behörde eingerichtet, in Köln wird 1982 die erste Gleichstellungsstelle eröffnet (Cordes 2004). Im Juni 1986 wird in der alten Bundesrepublik Frauenpolitik in das entsprechend umbenannte Bundesministerium für Jugend, Familie, Frauen und Gesundheit integriert. Landesgleichstellungsgesetze und die Gemeinde- und Landkreisordnungen verpflichten die Kommunen zur Einrichtung von Gleichstellungsstellen. Die weiblichen, hauptamtlichen, kommunalen Frauen- und Gleichstellungsbeauftragten haben sich in der Bundesarbeitsgemeinschaft kommunaler Frauenbüros (BAG) zusammengeschlossen, um die Interessen von Frauen auf Bundesebene zu vertreten (www.frauenbeauftragte.de). Die Ziele und Maßnahmen von Gleichstellungspolitik gelten dem Abbau von struktureller Diskriminierung, der Vereinbarkeit von Familie und Beruf, der Unterstützung beim Zugang zu männerdominierten Bereichen und der Erhöhung des Frauenanteils in Führungspositionen.

Mit dem Konzept des Gender Mainstreamings beginnt ein Perspektivenwechsel von der Gleichstellungspolitik für Frauen zur Geschlechterpolitik und mit dem In-Kraft-Treten des allgemeinen Gleichbehandlungsgesetzes (AGG) am 18. August 2006 werden weitere Diskriminierungsgründe in der Gleichstellungspolitik bedeutsam. So heißt es in § 1 AGG: „Ziel des Gesetzes ist, Benachteiligungen aus Gründen der Rasse oder wegen der ethnischen Herkunft, des Geschlechts, der Religion oder Weltanschauung, einer Behinderung, des Alters oder der sexuellen Identität zu verhindern oder zu beseitigen"(Bundesministerium der Justiz http://bundesrecht.juris.de/agg/_1.html). Die aktuellen Diskussionen, die beispielsweise von gesetzlichen Quoten für Frauen in Leitungspositionen oder von einer Verbesserung der Repräsentation von Menschen mit Migrationshintergrund im öffentlichen Dienst handeln, zeigen jedoch, dass die bisherigen gesetzlichen Regelungen offensichtlich nicht ausreichen, um Gleichstellung zu erreichen und Diskriminierungen zu beenden.

Gender Mainstreaming ist eine geschlechterpolitische Strategie, die bereits in den 1980er Jahren in der internationalen Frauen- und Entwicklungspolitik auf den Weg gebracht wurde, weil Aktivistinnen zunehmend unzufrieden mit der mangelnden Berücksichtigung von Fraueninteressen in der Entwicklungszusammenarbeit und mit der Umsetzung bestehender Frauenförderprogramme waren (von Braunmühl 2000, Frey 2004). Nach langjährigen kritischen Diskussionen wird bei der Weltfrauenkonferenz 1995 in Peking ein Abschlussdokument verabschiedet, mit dem Gender Mainstreaming erstmals eine Selbstverpflichtung der unterzeichnenden Regierungen enthält. Diese Verpflichtung umfasst strategische Ziele und Maßnahmen in zwölf Themenbereichen, die zur Verbesserung der Situation von Frauen beitragen sollen (Frey 2004, 31). In der Folge wird Gender Mainstreaming 1997 auf Ebene der EU in den Amsterdamer Vertrag aufgenommen, dieser tritt am 1. Mai 1999 in Kraft. Damit verpflichten sich alle Mitgliedsstaaten der Europäischen Union, Gender Mainstreaming in ihre Politik zu integrieren. In Deutschland heißt es aus dem Bundesministerium für Familie, Senioren, Frauen und Jugend: „Gender Mainstreaming ist eine Strategie, um durchgängig sicherzustellen, dass Gleichstellung als Staatsaufgabe (Art. 3 Abs. 2 GG) insbesondere von allen Akteurinnen und Akteuren der öffentlichen Verwaltung verwirklicht wird. Mit Gender Mainstreaming wird im international anerkannten Sprachgebrauch die Optimierung des Verwaltungshandelns im Hinblick auf die systematische Beachtung der Lebenswirklichkeit von Männern und von Frauen bei der Planung, Durchführung und Bewertung des eigenen Handelns bezeichnet. Wesentlich ist also die geschlechterdifferenzierte Folgenabschätzung" (Gender Mainstreaming Net 2011). Gender Mainstreaming ist demnach vornehmlich Verwaltungshandeln und gilt als ein konzeptionelles Instrument zur Systematisierung und Veränderung von Entscheidungsprozessen innerhalb von Organisationen sowie in der Politik (Krell 2007, Lange 2010).

Im Fokus von Gender Mainstreaming als Instrument der Organisationsentwicklung stehen die Analyse und Veränderung von Einrichtungen als gendered institutions, als Institutionen, die von Geschlechterhierarchien und -differenzen bestimmt sind, sowie die Auseinandersetzung mit Auswirkungen von Organisationsentscheidungen auf Geschlechtergerechtigkeit. Gender Mainstreaming „ist eine systematisierende Verfahrensweise, die innerhalb der Entscheidungsprozesse von Organisationen von oben nach unten (Top down) implementiert, aber von unten nach oben (bottom up) vollzogen wird" (Stiegler 2008, 19f.). Wie Gender Mainstreaming umgesetzt werden kann, ist abhängig von den jeweiligen Arbeits- und

Politikfeldern sowie den konkreten Organisationen. Zur Erstellung von geschlechterbezogenen Bestandsaufnahmen werden verschiedene Arbeitsschritte empfohlen. Durchgesetzt hat sich besonders die 3-R-Methode: „3-R“ steht für Fragen nach der Repräsentation der Geschlechter in einer Organisation, nach dem Einsatz von Ressourcen und dem, was sich dort als Realität der alltäglichen Arbeit etabliert hat. Bei der Repräsentation wird also nach quantitativen Verteilungen gefragt: Wie hoch ist der Anteil an Frauen und Männern, an Mädchen und Jungen in den verschiedenen Bereichen und Arbeitsfeldern einer Organisation? Wie werden vor diesem Hintergrund die vorhandenen Ressourcen für Frauen und Männer, Mädchen und Jungen eingesetzt? Die Prüfung der Realität umfasst schließlich Fragen nach den möglichen Gründen für die herausgearbeiteten Daten. Entwickelt wurde die 3-R-Methode in Schweden für die Planung, Durchführung und Auswertung von Beschlüssen in staatlichen und kommunalen Projekten. Sie bietet eine Möglichkeit der Bestandsaufnahme, wirft aber zugleich grundsätzliche Fragen nach den Kriterien einer solchen Untersuchung auf: Wer wird mit wem verglichen? Wie werden die unterschiedlichen statistischen Verteilungen, die alltägliche Praxis und konzeptionelle Fragen der Arbeit in einer Organisation miteinander verknüpft? Diese Fragen verweisen auch in Richtung der Qualifikation von Professionellen, die herausgefordert sind, ihr Geschlechterwissen zu reflektieren und sich Genderkompetenz anzueignen. Hierzu werden in vielen Arbeitsfeldern Gender Trainings eingesetzt (Blickhäuser/von Bargen 2006, Bereswill 2009).

Gender Mainstreaming ist je nach Feldern der Sozialen Arbeit und Institutionen im Bereich Erziehung, Bildung und Gesundheit unterschiedlich ausgearbeitet und umgesetzt. In dem Gutachten der Sachverständigenkommission an das Bundesministerium für Familie, Senioren, Frauen und Jugend für den Ersten Gleichstellungsbericht der Bundesregierung (2011) wird eine große Kluft zwischen programmatischen Diskursen und praktischen Vollzügen von Gender Mainstreaming festgestellt. Bereichsspezifische Vorlagen für Gender Mainstreaming gibt es vor allem für den Bereich der Kindertagesstätten, für die Schulen und für den Hochschulbereich (Gutachten der Sachverständigenkommission 2011, 81). Gender Mainstreaming zeigt demnach weniger Auswirkungen als politisch erhofft und ist außerdem als Konzept umstritten.

Sehr grundsätzlich wird die Einbettung von Gender Mainstreaming in die marktförmigen Logiken des New Public Management diskutiert. Es ist demnach nicht ausschließlich das Ergebnis erfolgreicher Kämpfe von sozialen Bewegungen, sondern auch Ausdruck von managementorientierten Ansätzen in einer neoliberalen gesellschaftlichen Situation (Schunter-Kleemann 2003, Bereswill 2004, Wetterer 2005). Gender Mainstreaming soll, so die Kritik, wie auch das Diversity Management dazu beitragen, die Potentiale von Frauen und Männern in Organisationen effektiver zu nutzen. So tritt die ökonomische Rationalität in den Vordergrund, Geschlecht – und andere Differenzkategorien – werden in letzter Konsequenz zu Humanressourcen im Rationalisierungsprozess, mit dem Ziel eines schlanken Staates. Damit verbunden ist die Befürchtung, dass die konkreten Maßnahmen des Gender Mainstreaming zu einer erneuten Benachteiligung von Frauen/Mädchen gegenüber Männern/Jungen führen wird. Dieser Einwand bezieht sich auf die Verteilung von Ressourcen, beispielsweise in der Jugendhilfe und Jugendarbeit. Sollen nun die Belange beider Geschlechtergruppen in die Maßnahmenlandschaft einbezogen werden, ohne dass mehr Mittel zur Verfügung gestellt werden, führt dies zwangsläufig zu Verteilungskämpfen.

Ein weiterer grundsätzlicher Einwand bezieht sich auf die Konzeption von Geschlecht und die unklare Verwendung des Begriffs „Gender“. Im Gender Mainstreaming werden die Unterschiede zwischen den Geschlechtern zum Ausgangspunkt von Bestandsaufnahmen, Analysen und Handlungsstrategien. Hier ist eine zentrale Frage, ob mit dem Blick auf die Differenzen nicht die Festschreibung von Unterschieden zwischen den Geschlechtern reproduziert wird? Am Beispiel dieser kritischen Diskussion des Gender Mainstreaming wird eine Diskrepanz zwischen der Institutionalisierung und Professionalisierung von Frauen- und Gleichstellungspolitik und der Frauen- und Geschlechterforschung deutlich. Praxisorientierte Gender-Expertinnen und -Experten auf der einen Seite stehen theoretisch versierten Vertreterinnen und Vertretern einer sich – zum Teil ausdrücklich feministisch verstehenden – gesellschaftskritischen (Sozial-)Wissenschaft gegenüber (Wetterer 2005). Diese Diskrepanz zeigt sich übrigens auch zwischen Geschlechterdiskursen in der Sozialen Arbeit und Diskursen der sozialwissenschaftlichen Frauen- und Geschlechterforschung (Ehlert 2010).

Angelika Wetterer (2005) beschreibt pointiert die beiden diskrepanten Positionen:

Die Gender-Expertinnen würden sich Gedanken machen über Gender Budgeting und Gender Change Management in Organisationen und sie führten Gendertrainings durch, um Akteurinnen und Akteuren in Verwaltung, Politik, Pädagogik und Sozialer Arbeit Gender Kompetenz zu vermitteln. Demgegenüber würden sich Wissenschaftlerinnen, wie beispielsweise die US-amerikanische Historikerin Joan Scott fragen, ob der Begriff Gender durch seine inflationäre Verwendung nicht völlig bedeutungslos und nichtssagend geworden sei und damit sowohl sein analytisches Potential als auch seine politische Sprengkraft verloren habe (Wetterer 2005, 50). Im Zuge des Gender Mainstreaming würde in allen sozialen Bereichen nach Unterschieden und Ungleichheiten zwischen Frauen und Männern gesucht und mit dem für alle selbstverständlichen, zweigeschlechtlichen Klassifikationssystem gearbeitet. In der Frauen- und Geschlechterforschung hingegen würde gefragt, ob sich überhaupt von den Frauen und den Männern als Kollektive sprechen lässt und Fragen nach der De-Konstruktion von Geschlecht und der bipolaren Geschlechterunterscheidung stünden auf der Tagesordnung. Die Diskurse verlaufen nebeneinander mit schwierigen Vermittlungen (ebd.). Diese werden im abschließenden Kapitel aufgegriffen.

Weiterführende Literatur

Böllert, Karin/Karsunky, Silke (Hrsg.) (2008): Genderkompetenz in der Sozialen Arbeit. Wiesbaden

Meuser, Michael/Neusüß, Claudia (Hrsg.) (2004): Gender Mainstreaming. Konzepte, Handlungsfelder, Instrumente. Bonn

Wetterer, Angelika (2005): Gleichstellungspolitik und Geschlechterwissen – Facetten schwieriger Vermittlungen. In: Vogel, Ulrike (Hrsg.): Was ist weiblich – was ist männlich? Aktuelles zur Geschlechterforschung in den Sozialwissenschaften, Bielefeld, S. 48-70

11

11. Geschlechterperspektiven in der Sozialen Arbeit

In diesem abschließenden Ausblick werden die Erkenntnisse aus den vorhergehenden Kapiteln gebündelt. Zunächst werden die schwierigen Vermittlungen zwischen Frauen- und Geschlechterforschung und sozialer Praxis vertiefend diskutiert. Daran anschließend wird aus der Perspektive der Frauen- und Geschlechterforschung anhand der Dimensionen der Kategorie Geschlecht ausgelotet, welchen Gewinn Theorie, Praxis und Forschung der Sozialen Arbeit durch diese analytische Betrachtung von Geschlechterperspektiven zu erwarten hat.

11.1 Schwierige Vermittlungen zwischen Frauen- und Geschlechterforschung und sozialer Praxis

Ein Grund für die schwierigen Vermittlungen zwischen Frauen- und Geschlechterforschung und sozialer Praxis, wie sie in der kritischen Diskussion des Gender Mainstreaming deutlich wird, liegt in unterschiedlichen Formen von Geschlechterwissen und den verschiedenen Diskursen, in denen das Wissen transportiert wird. Unterscheiden lassen sich hier nach Wetterer (2005) das wissenschaftliche Wissen (1.), das Alltagswissen der Menschen (2.) und das politik-

und praxisorientierte Wissen und dessen Vermittlung durch Gender-Expertinnen und -Experten in Gender Trainings (3.). Diese drei Formen von Geschlechterwissen werden im Folgenden kurz skizziert und diskutiert.

1. Die Institutionalisierung der Frauen- und Geschlechterforschung hat zur Entwicklung einer feministischen Wissenschaft beigetragen, deren grundlegende theoretische Konzepte hoch komplex, elaboriert sowie teilweise schwer verständlich sind und die dem Erfahrungswissen im Alltag der Menschen zum Teil entgegenstehen (vgl. Kapitel 2). Darüber hinaus handelt es sich um eine vielstimmige, manchmal auch kontroverse, theoretische Diskurslandschaft. Die Aufgabe, sich in dem interdisziplinären Theoriegebäude der Frauen- und Geschlechterforschung zurechtzufinden, erinnert, so Mechthild Bereswill (2008), an die räumliche Erfahrung eines Labyrinths. „Die Gefahr, sich zu verlaufen und auf unheimliche Streckenabschnitte oder an Absperrungen zu gelangen, ist nicht zu vermeiden. Dabei entpuppt sich der angestrebte Weg ins theoretische Zentrum der Kategorie ‚Geschlecht' jedoch generell als Irrweg, da dieses Bild die theoretische Qualität einer mehrdimensionalen Kategorie wie Geschlecht nicht trifft. Die soziologische Arbeit mit Geschlecht erfordert mehrfache analytische Differenzierungen, die auf unterschiedliche Erkenntnispfade führen" (Bereswill 2008, 101). Diese Pfade lassen sich mit den bereits beschriebenen Dimensionen von Geschlecht als Status- und Strukturkategorie, Geschlecht als sozialer Konstruktion und Symbolisierung von Weiblichkeit und Männlichkeit sowie Geschlecht als Konfliktkategorie zusammenfassen. Im Laufe ihrer Geschichte und Ausdifferenzierung hat sich die Theorieentwicklung von den Anfängen der Frauenforschung und deren Nähe zur Frauenbewegung entfernt. So gilt die Erkenntnis, dass vom Selbstverständnis und den Deutungsmustern der Akteurinnen und Akteure kein direkter Weg zu den Strukturen des Geschlechterverhältnisses und den Reproduktionsweisen der Geschlechterdifferenz führt, als ein wichtiger Lernschritt der Frauen- und Geschlechterforschung (Wetterer 2005, 52). Diese Einsicht soll nicht das Alltagswissen von Menschen abwerten, in welchem Erfahrun-

gen auch zu reflektierten Einsichten führen können. Vielmehr wird betont, dass Alltagswissen immer auch Nicht-Wissen einschließt. „Die Durchsichtigkeit oder Undurchsichtigkeit von sozialen Verhältnissen, in deren Rahmen sich soziale Austauschprozesse vollziehen und Erfahrungen gemacht werden, bestimmt mit, was in Sinnstrukturen aufgenommen wird und was draußen bleibt. Gesellschaftliche Konstellationen enthalten Konstruktionselemente des Sozialen, die sich in ihrer Komplexität und in ihrer von konkreten Phänomenen abgehobenen Abstraktheit der unmittelbaren Anschauung entziehen. (...) Erst durch die Untersuchung von kulturellen und gesellschaftlichen Entwicklungen lassen sich die sozialen Prozesse freilegen, die geschlechtliche und andere Formen sozialer Ungleichheit hervorbringen" (Becker-Schmidt 2005, 105). Diese Aufgabe von begrifflicher Anstrengung und analytischer Klärung zur Aufschlüsselung von sozialen Zusammenhängen, wie beispielsweise der geschlechtlichen Arbeitsteilung und dem Verhältnis von Familie, Erwerbssphäre und Sozialpolitik hat die Frauen- und Geschlechterforschung übernommen.

2. Im Gegensatz dazu steht das alltagsweltliche Geschlechterwissen, das Erfahrungswissen, welches sich im Alltagshandeln von Menschen zu bewähren hat und das ihnen erlaubt in sozialen Situationen jeweils kontextspezifisch zu handeln. Die alltagsweltlichen Wissensbestände unterscheiden sich beispielsweise in unterschiedlichen Generationenlagen, so gibt es heute ein diskursfähiges Geschlechterwissen, nach dem junge Frauen und Männer Gleichberechtigung für selbstverständlich halten und tradierte Geschlechternormen für sie scheinbar keine Rolle mehr spielen. Beim Blick auf das Handeln von Menschen fallen allerdings latente Wissensbestände auf, die unter bestimmten Rahmenbedingungen aktualisiert und gefestigt werden. Solche Handlungsorientierungen werden nicht bewusst entwickelt, sie sind vielmehr in die alltäglichen Aushandlungsprozesse von sozialem Sinn eingebettet. Entsprechend sind Teile des Geschlechterwissens inkorporiertes Wissen. Diese Wissensbestände sind im Sinne des weiblichen und männlichen Habitus in den Körper von Menschen eingeschrieben, also in Fleisch und Blut übergegangen. Sie kom-

men beispielsweise in der alltäglichen Arbeitsteilung im Haushalt zum Tragen. So zeigen Studien, dass bei der großen Mehrzahl heterosexueller Paare die Partnerin den größeren Teil der Hausarbeit übernimmt (Kaufmann 1994, 2005, Koppetsch/Burkart 1999). Der französische Soziologe Jean-Claude Kaufmann hat in seiner Untersuchung „Schmutzige Wäsche" (1994, 2005) gezeigt, wie sich in Paarbeziehungen die Gleichberechtigungs- und Gleichheitsideen in einem dichten System von Gesten, scheinbar unbedeutenden Alltagshandlungen, verändern und Paare Geschlechterkontraste reproduzieren. Auch gegen den Willen beider Partner und ihren ausdrücklichen Gleichheitsvorstellungen eines Paarmodells, das für beide die Berufstätigkeit vorsieht, beginnen sie eine ungleiche Arbeitsverteilung zu praktizieren. Claudia Koppetsch und Günter Burkart (1999) fassen in ihrer Untersuchung die Gründe für die Unterschiede zwischen den Idealen und der Praxis in Paarbeziehungen zusammen: „Während die Idee der Gleichheit einer (reflexiven) Diskurslogik gehorcht, beruht die Verrichtung alltäglicher Handlungen auf einer anderen, einer praktischen Logik. Diese alltäglichen Verrichtungen – und damit sind keineswegs nur die Haushaltstätigkeiten, sondern auch die Verrichtungen der Körperpflege, des Aufstehens und des Ankleidens und die ganz privaten Rituale des Beginnens und Beendens der Arbeit gemeint – bilden durch interne Verknüpfungen ein expandierendes System von Praktiken, die sich gegenseitig hervorrufen und stützen (...). Diese Eigendynamik ist ein Grund dafür, dass sich dieses System inkorporierter Praktiken kaum durch Diskurs beeinflussen lässt" (Koppetsch/Burkart 1999, 156). Vergleichbare Untersuchungen über das diskursive Geschlechterwissen und die alltäglichen Handlungspraxen im beruflichen Alltag von Sozialarbeiterinnen und Sozialarbeitern gibt es bislang noch nicht.

3. Als eine dritte Form des Geschlechterwissens bezeichnet Angelika Wetterer (2005) die Gender-Expertise im Kontext des Gender Mainstreamings und anderer Formen der Geschlechter- und Gleichstellungspolitik, die im Zusammenhang von Ansätzen des New Public Management davon ausgehen, dass Geschlecht als (individuelle) Humanressource begriffen werden kann. Im

> Sinne einer Management- und Organisationsstrategie sollen die Potentiale von Frauen und Männern, das Humankapital, in wissen(schafts)intensiven Bereichen und im Dienstleistungssektor auf allen Ebenen einer Organisation angemessen wahrgenommen und repräsentiert werden (Bereswill 2009). Um das zu realisieren, braucht es Gendertrainings, in denen Gender-Expertinnen und -Experten „dem alltäglichen Geschlechterwissen der MitarbeiterInnen und des Managements auf die Sprünge helfen und ihnen die Augen öffnen (...) für die geschlechtlichen Disparitäten in ihrem jeweiligen Handlungsbereich" (Wetterer 2005, 57). An dieser Stelle kommt die bereits im vorangegangenen zehnten Kapitel formulierte Kritik zum Tragen, hier werde das kulturelle System der Zweigeschlechtlichkeit reproduziert und ausdrücklich nach Unterschieden und Ungleichheiten zwischen den Geschlechtern gesucht.

Dennoch gilt die Fort- und Weiterbildung von Mitarbeiterinnen und Mitarbeitern zur Entwicklung von Genderkompetenz als ein Kernstück des Gender Mainstreaming. Genderkompetenz wird in diesem Zusammenhang auch als Qualifikation für Pädagogen/Pädagoginnen und Sozialarbeiter/innen gefordert. So wird beispielsweise im Sachverständigengutachten (2011) für das Bundesministerium für Familie, Senioren, Frauen und Jugend „Neue Wege – Gleiche Chancen Gleichstellung von Frauen und Männern im Lebensverlauf" für den ersten Gleichstellungsbericht der Bundesregierung die Vermittlung von Genderkompetenz in der Ausbildung pädagogischer Fachkräfte ausdrücklich empfohlen. Dieses Gutachten geht auf den Koalitionsvertrag von CDU, CSU und SPD vom November 2005 zurück, in dem vereinbart wurde, einmal in jeder Legislaturperiode einen Bericht zur Gleichstellung von Frauen und Männern vorzulegen.

In Instituten der Fort- und Weiterbildung, in Modellprojekten zur Erlangung von Genderkompetenz und auch in Curricula in Ausbildungseinrichtungen und Hochschulen sind dementsprechend vielfältige Angebote und Modelle zur Vermittlung von Genderkompetenz entwickelt worden. Die meisten Konzepte zielen auf Sensibilisierung und Einstellungsveränderungen, Wissensvermittlung sowie

Methodenkompetenz (Netzwerk Gender Training 2004, Derichs-Kunstmann u.a. 2009). Das Geschlechterwissen und die vielfältige Verwendung des Begriffs Gender im Kontext von Gender Mainstreaming und Gender Trainings beinhalten entsprechend Rückgriffe auf das wissenschaftliche Wissen und das Alltagswissen, über das die verschiedenen Akteurinnen und Akteure in einem Feld verfügen.

Die drei Dimensionen von Geschlechterwissen sind nicht immer trennscharf voneinander zu unterscheiden. Ein Blick auf die Unterschiede von Wissensbeständen eröffnet aber zunächst einmal die Möglichkeit, die jeweilige Struktur und Begrenztheit von Wissen und Diskursen zu erkennen. Wissenschaftliches Wissen lässt sich nicht unmittelbar in die Praxis umsetzen und es hat seine Bedeutung für die Praxis nicht in der Hand. So kann es in den gegenwärtigen Debatten, dem inflationären Gebrauch des Begriffs Gender und den schwierigen Vermittlungen bereits hilfreich sein, die unterschiedlichen Formen von Geschlechterwissen und die verschiedenen Diskurse, in denen das Wissen transportiert wird, zu benennen.

11.2 Dimensionen der Kategorie Geschlecht und die Soziale Arbeit

Professionelle Soziale Arbeit zeichnet sich durch Wissen, Können, eine professionelle Grundhaltung und Reflexion aus. Solche Qualifikationen sollen zunächst in einem Studium erworben werden. Darüber hinaus gilt es als unstrittig, dass biographische Erfahrungen und damit auch die Geschlechtszugehörigkeit sowie das in der beruflichen Praxis erworbene und angewandte Wissen für das professionelle Handeln einen zentralen Stellenwert haben (Busse/Ehlert 2009). An dieser Stelle sollen deshalb die drei Bedeutungsdimensionen der Kategorie Geschlecht noch einmal aufgegriffen werden, um Perspektiven für das professionelle Handeln in der Sozialen Arbeit aufzuzeigen, die Wissen, Können, Reflexion, aber auch die handelnden Personen und ihre Biographien berühren.

Geschlecht als Strukturkategorie – Ungleichheitsdimensionen am Beispiel der Institution Familie

Die Strukturperspektive ist für Soziale Arbeit wichtig, um offene oder verborgene Mechanismen der Reproduktion von Geschlechterhierarchien im Zusammenhang mit komplexen Ungleichheitslagen und sozialen Problemen zu entschlüsseln. Dies soll im Folgenden am Beispiel der Diskurse über die Bedeutung von Familie und die gegenwärtige Rede von versagenden Müttern, abwesenden Vätern und Kinderarmut aufgezeigt werden. Dabei wird deutlich, dass die Institution Familie eine zentrale Rolle für die Strukturen und Organisationsprinzipien von Geschlechterverhältnissen hat. In der Familie reproduziert sich soziale Ungleichheit zwischen den Geschlechtern als Genusgruppen durch die geschlechterdifferenzierende gesellschaftliche Arbeitsteilung. Diese wird durch Normvorstellungen und Leitbilder eines richtigen Familienlebens, der darin eingelassenen Geschlechterbeziehungen und (sich wandelnden) Vorstellungen von Mutter- und Vaterschaft gestützt. Die Wirkung von Geschlechterungleichheit, die sich „hinter dem Rücken der Subjekte“ (Krüger 2007, 179) gegen die eigenen Pläne und Entwürfe von Gleichberechtigung durchsetzt, wird besonders in der Phase der Familiengründung deutlich. Strukturelle Rahmenbedingungen des Arbeitsmarktes und der Kinderbetreuung sowie Familienbilder und Geschlechterkonstrukte verknüpfen sich im Handeln von Frauen und Männern und beeinflussen die innerfamiliäre Arbeitsteilung. Geschlechterverhältnisse und das kulturelle System der Zweigeschlechtlichkeit werden so über die Institution Familie produziert und reproduziert (Rohleder 2006, 308). In vielen Studien hat sich gezeigt, dass mit der Geburt des ersten Kindes eine Retraditionalisierung der geschlechtsbezogenen Arbeitsteilung als normal gilt, verbunden mit der Vorstellung, dass Kinder, insbesondere im ersten Lebensjahr, am besten durch die Mutter betreut werden sollten (Rohleder 2006, Toppe 2009). Besonders in Westdeutschland scheint immer noch das Familienbild der bürgerlichen Kernfamilie, in dem der Mann für die außerhäusliche Erwerbsarbeit und die Frau für die Erziehung der Kinder zuständig ist, vorzuherrschen. Demgegenüber hat sich in der damaligen DDR ein verändertes Familienbild mit einer vollen Erwerbsbeteiligung von Frauen und Männern und überwiegend externer Kinderbetreuung durchgesetzt, was bis heute die Deutungsmuster von Familie in Ostdeutschland bestimmt. Von einer Gleichverteilung der Haus- und Familienarbeit kann dabei jedoch auch hier nicht ausgegangen werden, da die „zweite Schicht" zuhause in höherem Maße von Frauen absolviert wird.

Die Aufgabenteilung zwischen den Geschlechtern in Paarbeziehungen wird also durch das Geschlechterverhältnis, die gesellschaftliche Trennung in Erwerbsarbeit (Produktion) und Haus- und Erziehungsarbeit (Reproduktion), die unterschiedlichen geschlechterdifferenzierten Zuweisungen und die Geschlechterkonstruktionen Frau/Mutter und Mann/Vater legitimiert und reguliert. Wir haben es hier mit einer komplexen Wechselwirkung von Verhältnissen und Verhalten zu tun. Eine geschlechterreflexive Soziale Arbeit muss sich dessen bewusst sein, um die Geschlechterkonstruktionen in der Wahrnehmung einer elterlichen Paarbeziehung und guter oder problematischer Mutter- und Vaterschaft, reflektieren zu können. Frauen wird, auch durch die Soziale Arbeit, ein direkter Bezug zum Kind unterstellt, Mütter geraten in den Fokus, wenn die Grundversorgung von Kindern nicht gewährleistet zu sein scheint, während die gezielte Einbindung von Vätern oftmals eine Leerstelle darstellt.

Vor diesem Hintergrund wenden wir den Blick noch kurz auf die Auseinandersetzung um die gesellschaftliche Bedeutung und Funktion von Familie: die Familie wird auch gegenwärtig als zentraler Ort der Reproduktion von Gesellschaft und als Bildungsressource verstanden. So heißt es im dritten Armuts- und Reichtumsbericht der Bundesregierung von 2008: „Die Familie – in den unterschiedlichen Formen familiären Zusammenlebens – ist ein Grundpfeiler der Gesellschaft. Sie bietet ihren Mitgliedern Rückhalt und wechselseitige Unterstützung. (...) Armut und soziale Ausgrenzung als Folge mangelnder Ressourcen und Bewältigungsmöglichkeiten stellen sowohl für die Familien sowie für Kinder und Jugendliche als auch für deren soziale Netzwerke eine hohe Belastung dar" (BMAS 2008, 87ff.). Durch die vielfältigen Bewältigungsanforderungen, die an Familien (in prekären Lebensverhältnissen) gestellt werden, geraten diese unter einen zunehmenden Überforderungsdruck. Im Wechselspiel von Verhältnissen und Verhalten lässt sich feststellen: Gesellschaftliche Anforderungen werden auf die Familie verschoben und damit den einzelnen Individuen angelastet. Hier kommt das Geschlechterverhältnis wieder hinzu, das in der Rede von der Familie häufig verdeckt bleibt. So werden die Verantwortlichkeiten für benachteiligende Auffälligkeiten und Verhaltensweisen von Mädchen und Jungen vorrangig bei den Müttern verortet.

Geschlecht als Soziale Konstruktion: Implizites Wissen explizit machen

Diese Perspektive sensibilisiert für einengende geschlechtsbezogene Zuschreibungen und für die „blinden Flecken" in der Reproduktion dieser Zuschreibungen in der professionellen Sozialen Arbeit. Zudem setzt sie Wissen über die Wirkungsmacht des kulturellen Systems der Zweigeschlechtlichkeit sowie die Fähigkeit und Bereitschaft zur Reflexion über Konstruktionsprozesse voraus. Prozesse des doing gender finden in der Sozialen Arbeit alltäglich in der Interaktion zwischen den Adressatinnen und Adressaten und den professionellen Fachkräften, in Teams und Organisationen, zwischen Fachkräften gleicher und unterschiedlicher Berufsgruppen und Professionen statt. Explizite wie implizite Geschlechterannahmen zu thematisieren, aufzudecken und zu reflektieren ist eine Chance und eine Herausforderung für die Soziale Arbeit.

Welche Bedeutungen von Differenz(en) werden dabei relevant gemacht? Geschlecht als soziale Konstruktion zu begreifen ist mit der Herausforderung verbunden, Interaktionsprozesse nicht mit der Kategorie Geschlecht zu untersuchen und zu reflektieren, sondern die Herstellung von Geschlecht selbst und das damit verbundene implizite Wissen aller Interakteure. Für die Praxis der Sozialen Arbeit birgt dieser Zugang zu Geschlecht die Herausforderung eines „doppelten Blicks" (Hagemann-White 1993b): Dabei sind die eigenen Unterstellungen zu Geschlechterdifferenz zu reflektieren und diese Unterstellungen müssen gleichzeitig auch systematisch irritiert und zurückgenommen werden, um die Herstellungsmodi von Differenz zu erkennen. Die beschriebene Reflexionsleistung erhöht sich zudem, wenn wir in Betracht ziehen, dass soziale Konstruktionen von Geschlecht und soziale Konstruktionen, wie sie im Zusammenhang mit sozialen Problemen und sozialer Kontrolle wirken, ineinandergreifen. Gleichzeitig sind Sozialarbeiterinnen und Sozialarbeiter selbst in solche Interaktions- und Konstruktionsprozesse verwickelt und können sich nicht vollständig aus ihnen herausnehmen.

Geschlecht begegnet den professionell Handelnden als „Bewältigungsproblem" (Böhnisch/Funk 2002, 41), das verschränkt ist mit unterschiedlichen Deutungsmustern zu sozialen Problemen, abweichendem Verhalten, sozialer Kontrolle oder Hilfebedürftigkeit. Diese Gemengelage von Wahrnehmungen, Zuschreibungen und Projektionen fließt in die Interaktion zwischen Adressatinnen und Adressaten Sozialer Arbeit und professionellen Fachkräften mit ein. Auf beiden Seiten werden wechselseitige Erwartungen, Problemwahrnehmungen und Deutungen der Situation bewusst und unbewusst von Geschlechterkonstruktionen und Inszenierungen mitbestimmt. Das implizite alltägliche Geschlechterwissen – im Körpergedächtnis, in der Körpersprache, im Handlungswissen – wird nur explizit, wenn es zum Gegenstand von Reflexion werden kann. Dabei können Reflexionen durch Irritationen und durch bewusste Beobachtungs-, Denk- und Untersuchungsbewegungen initiiert werden. Hier liegt die bereits beschriebene Herausforderung und kontinuierliche Anforderung an die Soziale Arbeit, implizite und explizite Geschlechterannahmen aufzudecken, zu thematisieren und zu reflektieren.

Geschlecht als Konfliktkategorie – Identitätszwänge und Nichtübereinstimmungen

Die Lebenslagen und Lebensentwürfe von Frauen und Männern aus der Subjektperspektive zu verstehen, setzt eine dialektische Denkbewegung voraus. Zum einen gilt es, die gesellschaftlichen Erwartungszwänge und Chancenstrukturen im Blick zu behalten, die die Entwicklungsmöglichkeiten und Handlungshorizonte beispielsweise von Heranwachsenden prägen. Zum anderen muss der Blick zugleich offen bleiben für die eigensinnige Gestaltung sozialer Zwänge, Chancen und Risiken, auch im Umgang mit der eigenen Position und dem subjektiven Selbstempfinden „als Frau“ oder „als Mann“. In den Blick rückt die Vermittlung zwischen gesellschaftlichen Strukturvorgaben und individuellen Handlungsstrategien. Um diese nachzuvollziehen, bietet sich eine biographische Perspektive an, um die Bedeutung von Geschlecht im lebensgeschichtlichen Prozess verstehen und rekonstruieren zu können. Wie interpretieren Menschen ihr Leben und welche Bedeutung messen sie dabei ihren Erfahrungen „als Frauen“ oder „als Männer“ über die Jahre bei? Wird Geschlecht überhaupt thematisiert oder treten andere Ungleichheitsrelationen in den Vordergrund der (Selbst-)Positionierung von Menschen? Je nach Arbeitsfeld können Professionelle eine Reflexionshilfe für die biographische Arbeit mit den Adressatinnen und Adressaten anbieten: In welchen Konstellationen habe ich erfahren, was es heißt, als Mädchen oder als Junge wahrgenommen und behandelt zu werden? Wie und in welchen lebensgeschichtlichen Konstellationen habe ich gelernt, (wie) eine Frau oder ein Mann zu werden?

Um die Konflikthaftigkeit von Geschlechtsidentität als Ausdruck eines steten Balanceaktes deutlich zu machen, beschreiben Regina Becker-Schmidt und Gudrun-Axeli Knapp Identität als eine Konfliktkategorie: „als von innen und außen gefährdete Einheit von Identischem und Nicht-Identischem, die immer wieder aufs Neue ausbalanciert werden muss. Nur wo Identisches und Nicht-Identisches zugleich gedacht werden, geraten die Verhältnisse in Bewegung, kommen Kräfte und Gegenkräfte zum Vorschein, werden Lernprozesse und Veränderungen vorstellbar. Was soll, was kann vor diesem Hintergrund ‚weibliche Identität‘ [oder ‚männliche Identität‘, G. E.] sein?“ (Becker-Schmidt, Knapp 1987, 142). So lässt sich fragen, auf was sich Frauen und Männer beziehen, wenn sie „Ich“ sagen und ob sich dieses von dem unterscheidet, wenn sie sagen „Ich als Frau ...“ oder „Ich als Mann ...“. Konflikte im Sinne von „Identitätszwängen“ verweisen auf die gesellschaftlichen Konstruktionen von Geschlecht. Für die Soziale Arbeit bedeutet das, den Blick für diese Zwänge in Lebensgeschichten zu schärfen und sich gleichzeitig den subjektiven Aneignungen und Ausgestaltungen von Weiblichkeit und Männlichkeit zu nähern. Hier geht es insbesondere um die Kluft und die Widersprüche zwischen stereotypen Definitionen von Weiblichkeit und Männlichkeit und dem was die Adressatinnen und Adressaten außerhalb dieser Zuschreibungen ausmacht oder was sie ausmachen könnte. Die Dimension der Konfliktkategorie eröffnet so für die Soziale Arbeit eine Perspektive für die Nichtübereinstimmung, für individuelle Erfahrungspotentiale und Entwicklungen jenseits von Stereotypien.

11.3 Soziale Arbeit und Geschlecht – Perspektiven für Praxis, Theorie, Forschung und Ausbildung

Wechseln wir noch einmal den Blick und bündeln die Ergebnisse für die weitere Entwicklung der Sozialen Arbeit, im Hinblick auf ihre Praxis, Theorie, Forschung und Ausbildung. Die Praxis Sozialer Arbeit kann von den Erkenntnissen der Frauen- und Geschlechterforschung profitieren, indem eine kritische Reflexion von Vorannahmen, Stereotypien und Differenzkategorien grundlegend für das professionelle Handeln wird. Das gilt auch für die Theorieentwicklung Sozialer Arbeit. Bisher verlaufen professionstheoretische und geschlechtertheoretische Diskurse weit gehend parallel und unabhängig voneinander (Ehlert/Funk 2008, Ehlert 2010, Maurer 2011).

In den Professionsdebatten hat dies zur Folge, dass die Ausblendung der Kategorie Geschlecht zu einer verzerrten Sicht auf professionelles Handeln beiträgt. Wir haben es dabei mit der paradoxen Situation zu tun, dass die Akteurinnen und Akteure in der Professionsdebatte Anerkennung für eine Profession erlangen wollen, die sich durch mehrheitlich von Frauen besetzte Tätigkeitsfelder und deren professionelles Handeln auszeichnet. Gleichzeitig wird die Bedeutung von Geschlechterverhältnissen und die Konstruktion von Geschlecht im Verhältnis zu den konkreten, stark beziehungsorientierten Tätigkeitsanforderungen nicht thematisiert. Angezeigt ist deshalb ein Perspektivwechsel, der zur grundsätzlichen Neubewertung von beziehungsnahen Tätigkeiten beiträgt – ein Weg, der nur mit einem systematischen Bezug auf Erkenntnisse und theoretische Ansätze der Frauen- und Geschlechterforschung, unter Einbezug männlichkeitstheoretischer Ansätze beschritten werden kann.

Zur Qualifizierung von Bachelor- und Masterabsolventinnen und -absolventen der Sozialen Arbeit sind geschlechterreflexive Ansätze und entsprechende Module in den Studiengängen unabdingbar. Die Verankerung von Geschlechterperspektiven in den Curricula Soziale Arbeit als einer Grundlage professioneller und fachpolitischer Diskurse sollte dementsprechend an allen Hochschulen und Universitäten selbstverständlich sein.

Weiterführende Literatur

Becker-Schmidt, Regina/Knapp, Gudrun-Axeli (1987): Geschlechtertrennung – Geschlechterdifferenz. Suchbewegungen sozialen Lernens. Bonn

Bereswill, Mechthild/Ehlert, Gudrun (2011): Frauenberuf oder (Male) Profession? Zum Verhältnis von Profession und Geschlecht in der Sozialen Arbeit. In: Bütow, Birgit/Munch, Chantal (Hrsg:): Soziale Probleme, Soziale Arbeit und Geschlecht. Bd. 33 der Reihe Frauen- und Geschlechterforschung der Sektion Frauen- und Geschlechterforschung der DGS. Münster (im Erscheinen)

Hagemann-White, Carol (1993): Die Konstrukteure des Geschlechts auf frischer Tat ertappt? Methodische Konsequenzen aus einer theoretischen Einsicht. In: Feministische Studien 2/1993, S. 68-78

Literatur

Allmendinger, Jutta (2010): Geschlecht bleibt eine wichtige Dimension sozialer Ungleichheit. Replik auf Jens Alber. In: WZB Mitteilungen, Heft 129, September 2010, S. 12-15

Althoff, Martina/Bereswill, Mechthild/Riegraf, Birgit (2001): Feministische Methodologien und Methoden. Traditionen, Konzepte, Erörterungen. Opladen

Amthor, Ralph Christian (2003): Die Geschichte der Berufsausbildung in der Sozialen Arbeit. Auf der Suche nach Professionalisierung und Identität. Weinheim

Bade, Klaus J. (Hrsg.) (1993): Deutsche im Ausland – Fremde in Deutschland. Migration in Geschichte und Gegenwart. München

Baer, Susanne (2004): Geschlecht und Recht – zur rechtspolitischen Steuerung der Geschlechterverhältnisse. In: Meuser, Michael/Neusüß, Claudia (Hrsg.): a.a.O., S. 71-73

Becker, Ruth/Kortendiek, Beate (Hrsg.) (2004): Handbuch Frauen- und Geschlechterforschung. Theorie, Methoden, Empirie. Wiesbaden

Becker-Schmidt, Regina (1985): Probleme einer feministischen Theorie und Empirie in den Sozialwissenschaften. In: Feministische Studien. H. 2. 93-104

Becker-Schmidt (1993): Geschlechterdifferenz – Geschlechterverhältnis: Soziale Dimensionen des Begriffs „Geschlecht“. In: Zeitschrift für Frauenforschung. 1/2, S. 37-46

Becker-Schmidt, Regina/Knapp, Gudrun-Axeli (1987): Geschlechtertrennung – Geschlechterdifferenz. Suchbewegungen sozialen Lernens. Bonn

Becker-Schmidt, Regina/Bilden, Helga (1991): Impulse für die qualitative Sozialforschung aus der Frauenforschung. In: Flick, Uwe/v. Kardoff, Ernst/Keupp, Heiner; v. Rosenstiel, Lutz/Wolff, Stephan (Hrsg.): Handbuch Qualitative Sozialforschung. München, S. 23-30

Benard, Cheryl/Schlaffer, Edith (1978): Die ganz gewöhnliche Gewalt in der Ehe. Reinbek

Bentheim, Alexander/Sturzenhecker, Benedikt (2006): Jungenarbeit – Entwicklung und Stand in Deutschland. In: Zander, Margherita/Hartwig, Luise/Jansen, Irma (Hrsg.): a.a.O., S. 153-168

Bereswill, Mechthild (2004): „Gender“ als neue Humanressource? Gender Mainstreaming und Geschlechterdemokratie zwischen Ökonomisierung und Gesellschaftskritik. In: Meuser, Michael/Neusüß, Claudia (Hrsg.): Gender Mainstreaming. Konzepte, Handlungsfelder, Instrumente. Bonn, S. 52-70

Bereswill, Mechthild (2006): Männlichkeit und Gewalt. Empirische Einsichten und theoretische Reflexionen über Gewalt zwischen Männern im Gefängnis. In: Feministische Studien, Heft 2/2006, S. 242-255

Bereswill, Mechthild (2007a): Sich auf eine Seite schlagen. Die Abwehr von Verletzungsoffenheit als gewaltsame Stabilisierung von Männlichkeit. In: Bereswill, Mechthild/Meuser, Michael/Scholz, Sylka (Hrsg.): Dimensionen der Kategorie Geschlecht: Der Fall Männlichkeit. Münster, S. 101-118

Bereswill, Mechthild (2007b): Undurchsichtige Verhältnisse. Marginalisierung und Geschlecht im Kontext der Männlichkeitsforschung. In: Klinger, Cornelia/Knapp, Gudrun-Axeli/Sauer, Birgit (Hrsg.): Achsen der Ungleichheit. Zum Verhältnis von Klasse, Geschlecht und Ethnizität, S. 84-99

Bereswill, Mechthild (2007c): Abweichendes Verhalten und Geschlecht. Eine vielschichtige Beziehung. In: Kawamura-Reindl, Gabriele/Halbhuber-Gassner, Lydia/Wichmann, Cornelius (Hrsg.): Gender Mainstreaming – ein Konzept für die Straffälligenhilfe? Freiburg im Breisgau, S. 35-51

Bereswill, Mechthild (2008): Geschlecht. In: Baur, Nina/Korte, Hans/Loew, Martina/Schroer, Markus (Hrsg.): Handbuch Soziologie. Wiesbaden, S. 97-116

Bereswill, Mechthild (2009): Feministische Kritik oder Gender Kompetenz? Das Beispiel Gender Training. In: Löw, Martina (Hrsg.): Geschlecht und Macht. Analysen zum Spannungsfeld von Arbeit, Bildung und Familie, Wiesbaden, S. 142-156

Bereswill, Mechthild (2010): Adoleszenz, Devianz und Geschlecht. Sozialwissenschaftliche Befunde und präventionspolitische Perspektiven. Expertise zu „Jugend: Pro- und Dissozialität. Welche Rolle spielt die Geschlechteridentität für das Gelingen von Präventionspolitik?" Verfasst im Auftrag des Landtages Nordrhein-Westfalen, Enquetekommission III

Bereswill, Mechthild (2011): Intersektionalität. In: Ehlert, Gudrun/Funk, Heide/Stecklina, Gerd (Hrsg.): Wörterbuch Soziale Arbeit und Geschlecht. Weinheim und München, S. 210-213

Bereswill, Mechthild/Ehlert, Gudrun (1996): Alleinreisende Frauen zwischen Selbst- und Welterfahrung. Königstein/Ts.

Bereswill, Mechthild/Meuser, Michael/Scholz, Sylka (Hrsg.) (2007): Dimensionen der Kategorie Geschlecht: Der Fall Männlichkeit. Münster

Bereswill, Mechthild/Ehlert, Gudrun (2010): Geschlecht. In: Bock, Karin/Miethe, Ingrid (Hrsg.): Handbuch Qualitativer Methoden in der Sozialen Arbeit. Opladen & Farmington Hills, S. 143-151

Bereswill, Mechthild/Ehlert, Gudrun (2011): Frauenberuf oder (Male) Profession? Zum Verhältnis von Profession und Geschlecht in der Sozialen Arbeit. In: Bütow, Birgit/Munch, Chantal (Hrsg.): Soziale Probleme, Soziale Arbeit und Geschlecht. Bd. 33 der Reihe Frauen- und Geschlechterforschung der Sektion Frauen- und Geschlechterforschung der DGS. Münster (im Erscheinen)

Bereswill, Mechthild/Meuser, Michael/Scholz, Sylka (Hrsg.) (2007): Dimensionen der Kategorie Geschlecht: Der Fall Männlichkeit. Münster

Bereswill, Mechthild/Stecklina, Gerd (Hrsg.) (2010): Geschlechterperspektiven für die Soziale Arbeit. Weinheim und München

BIG-Koordinierung (2011): Berliner Interventionszentrale bei häuslicher Gewalt – BIG. http://www.big-koordinierung.de/projekt/(verfügbar am 11.03.2011)

Bilden, Helga (2006): Sozialisation in der Dynamik von Geschlechter- und anderen Machtverhältnissen. In: Bilden, Helga/Dausien, Bettina (Hrsg.): a.a.O., S. 45-70

Bilden, Helga/Dausien, Bettina (2006): Einleitung. In: Bilden, Helga/Dausien, Bettina (Hrsg.) (2006): Sozialisation und Geschlecht. Theoretische und methodologische Aspekte. Opladen & Farmington Hills, S. 7-15

Bitzan, Maria (2001): Geschlechterpolitik: Feminismus. In: Otto, Hans-Uwe/ Thiersch, Hans (Hrsg.): Handbuch Sozialarbeit Sozialpädagogik. Neuwied, S. 691-704

Blätter der Wohlfahrtspflege (2007): Sieben Fragen an Stephan F. Wagner. In: Blätter der Wohlfahrtspflege 4/2007, S. 158-160

Blickhäuser, Angelika/Von Bargen, Henning (2006): Mehr Qualität durch Gender-Kompetenz. Ein Wegweiser für Training und Beratung im Gender Mainstreaming. Königstein/Taunus

Böhnisch, Lothar (2003): Die Entgrenzung der Männlichkeit. Verstörungen und Formierungen des Mannseins im gesellschaftlichen Übergang. Opladen.

Böhnisch, Lothar/Funk, Heide (2002): Soziale Arbeit und Geschlecht. Theoretische und praktische Orientierungen. Weinheim und München

Böhnisch, Lothar/Winter, Reinhard (1993): Männliche Sozialisation. Bewältigungsprobleme männlicher Geschlechtsidentität im Lebenslauf. Weinheim und München

Böhnisch, Lothar/Schröer, Wolfgang/Thiersch, Hans (2005): Sozialpädagogisches Denken. Wege zu einer Neubestimmung. Weinheim und München

Bourdieu, Pierre (1997): Die männliche Herrschaft. In: Dölling, Irene/Krais, Beate (Hrsg.): Ein alltägliches Spiel. Geschlechterkonstruktionen in der sozialen Praxis. Frankfurt/M., S. 153-217

Bourdieu, Pierre (2005): Die männliche Herrschaft. Frankfurt/M./New York

Brandes, Holger (1998): „Problemfall" Mann. Plädoyer für einen männerorientierten Ansatz in der Sozialarbeit. In: Brandes, Holger/Roemheld, Regine (Hrsg.): Männernormen und Frauenrollen. Geschlechterverhältnisse in der Sozialen Arbeit. Leipzig, S. 99-113

Braunmühl, Claudia von (2000): Mainstreaming Gender zwischen herrschaftskritischem und bürokratischem Diskurs. In: Gabbert, Karin (Hrsg.): Geschlecht und Macht. Analysen und Berichte. Münster, S. 139-152

Brückner, Margrit (1983): Die Liebe der Frauen. Über Weiblichkeit und Misshandlung. Frankfurt/M.

Brückner, Margrit (1997): Gewalt gegen Frauen und Mädchen im Kontext des Geschlechterverhältnisses. In: Friebertshäuser, Barbara/Jakob, Gisela/Klees-Möller, Renate (Hrsg.): Sozialpädagogik im Blick der Frauenforschung. Weinheim, S. 70-82

Brückner, Margrit (2002): Soziale Arbeit mit Frauen und Mädchen: Auf der Suche nach neuen Wegen. In: Thole, Werner (Hrsg.): Grundriss Soziale Arbeit. Opladen, S. 367-375

Brückner, Margrit (2006): Wenn misshandelte Frauen ihre Kinder misshandeln. In: Kavemann, Barbara/Kreyssig, Ulrike (Hrsg.): Handbuch Kinder und häusliche Gewalt. Wiesbaden, S. 203-214

Brückner, Margrit (2010): Erfolg und Eigensinn. Zur Geschichte der Frauenhäuser. In: Bereswill, Mechthild/Stecklina, Gerd (Hrsg.): a.a.O., S. 61-79

Brückner, Margrit (2011): Zwischenmenschliche Interdependenz – Sich Sorgen als familiale, soziale und staatliche Aufgabe. In: Böllert, Karin/ Heite, Catrin (Hrsg.): Sozialpolitik als Geschlechterpolitik. Wiesbaden, S. 105-122

Brückner, Margrit/Holler, Simone (1990): Frauenprojekte und soziale Arbeit. Eine empirische Studie. Frankfurt/M.

Bruhns, Kirsten/Wittmann, Svendy (2002): „Ich meine, mit Gewalt kannst du dir Respekt verschaffen". Mädchen und junge Frauen in gewaltbereiten Jugendgruppen. Opladen

Bruhns, Kirsten (2003): Gewaltbereitschaft von Mädchen und jungen Frauen – Ausdruck einer Neupositionierung im Geschlechterverhältnis? In: Koher, Frauke/Pühl, Katharina (Hrsg.): Gewalt und Geschlecht. Konstruktionen, Positionen, Praxen. Opladen, S. 212-227

Bruhns, Kirsten (Hrsg.) (2004): Geschlechterforschung in der Kinder- und Jugendhilfe. Praxisstand und Forschungsperspektiven. Wiesbaden

Bruhns, Kirsten (2009): Gewaltbereite Mädchen. In: Elz, Jutta (Hrsg.) 2009: Täterinnen. Befunde, Analysen, Perspektiven. Kriminologie und Praxis (KUP). Schriftenreihe der Kriminologischen Zentralstelle e.V. (KrimZ), Band 58, S. 177-194

Bührmann, Andrea Dorothea (1996): Ist eine ‚Lesbe' eine ‚Lesbe'? Anmerkungen zur Lesbenforschung angesichts der erkenntnistheoretischen Herausforderungen des Dekonstruktivismus. In: Ariadne. Almanach des Archivs der deutschen Frauenbewegung, Heft 29, Mai 1996, S. 60-67

Bundesjugendkuratorium (2002): Bildung ist mehr als Schule. Leipziger Thesen zur aktuellen bildungspolitischen Debatte. Gemeinsame Erklärung des Bundesjugendkuratoriums, der Sachverständigenkommission des Elften Kinder- und Jugendberichts und der Arbeitsgemeinschaft für Jugendhilfe www.bundesjugendkuratorium.de

Bundesjugendkuratorium (2004): Bildung fängt vor der Schule an! Zur Förderung von Kindern unter sechs Jahren. Positionspapier des Bundesjugendkuratoriums

Bundesjugendkuratorium (2009): Schlaue Mädchen – Dumme Jungen? Gegen Verkürzungen im aktuellen Geschlechterdiskurs. München. www.bundesjugendkuratorium.de

Bundeskriminalamt (2008): Polizeiliche Kriminalstatistik 2007, 55. Ausgabe, Wiesbaden

Bundeskriminalamt (2010): Polizeiliche Kriminalstatistik 2009, 57. Ausgabe, Wiesbaden

Bundesministerium für Arbeit und Soziales (2008): Lebenslagen in Deutschland. Der Dritte Armuts- und Reichtumsbericht der Bundesregierung. Berlin

Bundesministerium für Familie, Senioren, Frauen und Jugend (bmfsfj) (2004a): Lebenssituation, Sicherheit und Gesundheit von Frauen in Deutschland. Eine repräsentative Untersuchung zu Gewalt gegen Frauen in Deutschland. Zusammenfassung zentraler Studienergebnisse. Berlin

Bundesministerium für Familie, Senioren, Frauen und Jugend (bmfsfj) (2004b): Gewalt gegen Männer. Personale Gewaltwiderfahrnisse von Männern in Deutschland – Ergebnisse der Pilotstudie –. Berlin

Bundesministerium für Familie, Senioren, Frauen und Jugend (bmfsfj) (2009): Entgeltungleichheit zwischen Frauen und Männern. Dossier. Berlin

Bundesministerium für Familie, Senioren, Frauen und Jugend (bmfsfj) (2010): Männliche Fachkräfte in Kindertagesstätten. Eine Studie zur Situation von Männern in Kindertagesstätten und in der Ausbildung zum Erzieher. Berlin

Burgard, Roswitha (1985): Misshandelte Frauen: Verstrickung und Befreiung. Eine Untersuchung zur Überwindung von Gewaltverhältnissen. Weinheim/ Basel

Busse, Stefan/Ehlert, Gudrun (2009): Studieren neben dem Beruf als Langfristige Professionalisierungschance. In: Becker-Lenz, Roland/Busse, Stefan/ Ehlert, Gudrun/Müller, Silke (Hrsg.) (2009): Professionalität in der Sozialen Arbeit. Standpunkte, Kontroversen, Perspektiven, Wiesbaden, S. 319-343

Cloos, Peter/Züchner, Ivo (2002): Das Personal der Sozialen Arbeit. Größe und Zusammensetzung eines schwer zu vermessenden Feldes. In: Thole, Werner (Hrsg.): Grundriss Soziale Arbeit. Ein einführendes Handbuch. Opladen, S. 705-724

Collins, Patricia Hill (1990): Black Feminist Thought: Knowlegde, Consciousness and the Politics of Empowerment. Boston

Combahee River Collective (1977/1981): A Black Feminist Statement. In: Moraga, C./Anzaldúa, G. (Hrsg.): This Bridge called My Back: Writings by Radical Women of Color. New York: Kitchen Table, Women of Color Press, 210-218

Connell, Robert (1999): Der gemachte Mann: Konstruktion und Krise von Männlichkeiten. Opladen

Cordes, Mechthild (2004): Gleichstellungspolitiken: Von der Frauenförderung zum Gender Mainstreaming. In: Becker, Ruth/Kortendiek, Beate (Hrsg.): a.a.O., S. 712-720

Crenshaw, Kimberlé W. (1989): Demarginalizing the Intersection of Race and Sex: A Black Feminist Critique of Antidiscrimination Doctrine. The University of Chicago Legal Forum 139, S. 139-167

Crenshaw, Kimberlé W. (2010): Die Intersektion von „Rasse" und Geschlecht demarginalisieren: Eine Schwarze feministische Kritik am Antidiskriminierungsrecht, der feministischen Theorie und der antirassistischen Politik. In: Lutz, Helma/Herrera Vivar, Maria Teresa/Supik, Linda (Hrsg.): a.a.O., S. 33-54. (Gekürzte und redaktionell überarbeitete Übersetzung des Textes von 1989)

Dausien, Bettina (2006): Geschlechterverhältnisse und ihre Subjekte. Zum Diskurs um Sozialisation und Geschlecht. In: Bilden, Helga/Dausien, Bettina (Hrsg.): Sozialisation und Geschlecht. Theoretische und methodologische Aspekte. Opladen & Farmington Hills, S. 17-44

Davis, Kathy (2008): Intersectionality in Transaltantic Perspective. In: Klinger, Cornelia/Knapp, Gudrun-Axeli (Hrsg.): Überkreuzungen. Fremdheit, Ungleichheit, Differenz. Münster, S. 19-35

Derichs-Kunstmann, Karin (2005): FrauenBildungsArbeit – Vom Gesprächskreis zum Event? In: Derichs-Kunstmann, Karin (Hrsg.): FrauenBildungs Arbeit – Vom Gesprächskreis zum Event? Perspektiven am Beginn des 21. Jahrhunderts. Recklinghausen, S. 5-6

Derichs-Kunstmann, Karin/Kaschuba, Gerrit/Lange, Ralf/Schnier, Victoria (Hrsg.) (2009): Gender-Kompetenz für die Bildungsarbeit. Konzepte, Erfahrungen, Analysen, Konsequenzen. Recklinghausen

Deutscher Verein für öffentliche und private Fürsorge e.V. (2010): Empfehlungen des Deutschen Vereins zur erfolgreichen Integration von Menschen mit Migrationshintergrund durch die Kinder- und Jugendhilfe. Berlin

Doderer, Yvonne P./Kortendiek, Beate (2004): Frauenprojekte: Handlungs- und Entwicklungsräume feministischer Frauenbewegungen. In: Becker, Ruth/Kortendiek, Beate (Hrsg.) : a.a.O., S. 684-691

Dölling, Irene (2005): Ostdeutsche Geschlechterarrangements in Zeiten des neoliberalen Gesellschaftsumbaus. In: Schäfer, Eva u.a. (Hrsg.): Irritation Ostdeutschland. Geschlechterverhältnisse seit der Wende. Münster, S. 16-34

Ehlert, Gudrun (2010): Profession, Geschlecht und Soziale Arbeit. In: Bereswill, Mechthild/Stecklina, Gerd (Hrsg.): a.a.O., S. 45-60

Ehlert, Gudrun/Funk, Heide (2008): Strukturelle Aspekte der Profession im Geschlechterverhältnis. In: Bütow, Birgit/Chassé, Karl August/Hirt, Rainer (Hrsg.): Soziale Arbeit nach dem Sozialpädagogischen Jahrhundert. Opladen & Farmington Hills, S. 177-190

Elz, Jutta (Hrsg.) (2009): Täterinnen. Befunde, Analysen, Perspektiven. Kriminologie und Praxis (KUP). Schriftenreihe der Kriminologischen Zentralstelle e.V. (KrimZ), Band 58

Enders, Uta (Hrsg.) (1990): Zart war ich, bitter war's. Sexueller Missbrauch an Mädchen und Jungen. Erkennen – Schützen – Beraten. Köln

Faulstich-Wieland, Hannelore (2004): Doing Gender: Konstruktivistische Beiträge. In: Glaser, Edith/Klika, Dorle/Prengel, Annedore (Hrsg.): Handbuch Gender und Erziehungswissenschaft. Bad Heilbrunn/Obb., S. 175-191

Fendrich, Sandra/Fuchs-Rechlin, Kirsten, Pothmann, Jens/Schilling, Matthias (2006): Ohne Männer? Verteilung der Geschlechter in der Kinder- und Jugendhilfe. In: DJI Bulletin 75, 2/2006, S. 22-27

Findeisen, Hans-Volkmar/Kersten, Joachim (1999): Der Kick und die Ehre. Vom Sinn jugendlicher Gewalt. München

Fleßner, Heike (2000): Frech, frei und fordernd, oder? Mädchenbilder von Pädagoginnen und ihre Bedeutung für die Mädchenarbeit. In: King, Vera/Müller, Burkhard K. (Hrsg.) (2000): Adoleszenz und pädagogische Praxis. Bedeutungen von Geschlecht, Generation und Herkunft in der Jugendarbeit. Freiburg im Breisgau, S. 75-91

Forster, Edgar (2007): Feminisierung und Geschlechterdifferenz. In: Borst, Eva/Casale, Rita (Hrsg.) Ökonomien der Geschlechter. Opladen & Farmington Hills, S. 61-75

Frey, Regina (2004): Entwicklungslinien: Zur Entstehung von Gender Mainstreaming in internationalen Zusammenhängen. In: Meuser, Michael/Neusüß, Claudia (Hrsg.): Gender Mainstreaming. Konzepte, Handlungsfelder, Instrumente. Bonn, S. 24-39

Friebertshäuser, Barbara/Jakob, Gisela/Klees-Möller, Renate (Hrsg.) (1997): Sozialpädagogik im Blick der Frauenforschung. Weinheim

Fröschl, Elfriede (2001): Beruf Sozialarbeit. In: Gruber, Christine/Fröschl, Elfriede (Hrsg.): Gender-Aspekte in der Sozialen Arbeit. Wien, S. 285-308

Gahleitner, Silke Birgitta/Lenz, Hans-Joachim (Hrsg.) (2007): Gewalt und Geschlechterverhältnis. Interdisziplinäre und geschlechtersensible Analysen und Perspektiven. Weinheim und München

Gender Mainstreaming Net (2011): Definition von Gender Mainstreaming. http://www.gender-mainstreaming.net/gm/Wissensnetz/was-ist-gm,did=13986.html (verfügbar am 20.2.2011)

GiG-net (Hrsg.) (2008): Gewalt im Geschlechterverhältnis. Erkenntnisse und Konsequenzen für Politik, Wissenschaft und soziale Praxis. Opladen und Farmington Hills

Gildemeister, Regine (2004): Doing Gender: Soziale Praktiken der Geschlechterunterscheidung. In: Becker, Ruth/Kortendiek, Beate (Hrsg.): a.a.O., S. 132-140

Gildemeister, Regine/Robert, Günther (2008): Geschlechterdifferenzierungen in lebenszeitlicher Perspektive. Interaktion – Institution – Biografie. Wiesbaden

Glaser, Edith/Klika, Dorle/Prengel, Annedore (Hrsg.) (2004): Handbuch Gender und Erziehungswissenschaft. Bad Heilbrunn/Obb.

Grimmig, Martina (2006): Einwanderer, Einwanderung. In: Scherr, Albert (Hrsg.): Soziologische Basics. Eine Einführung für Pädagogen und Pädagoginnen. Wiesbaden, S. 35-41

Gültekin, Neval (2005): Interkulturelle Kompetenz: Kompetenter professioneller Umgang mit sozialer und kultureller Vielfalt. In: Leiprecht, Rudolf/Kerber, Anne (Hrsg.): Schule in der Einwanderungsgesellschaft. Ein Handbuch. Schwalbach/Ts., S. 367-386

Gümen, Sedef (1998): Das Soziale des Geschlechts. Frauenforschung und die Kategorie „Ethnizität". In: Das Argument 224, S.187-202

Gutachten der Sachverständigenkommission an das Bundesministerium für Familie, Senioren, Frauen und Jugend für den Ersten Gleichstellungsbericht der Bundesregierung (2011): Neue Wege – Gleiche Chancen. Gleichstellung von Frauen und Männern im Lebensverlauf. http://www.fraunhofer.de/ueber-fraunhofer/geschaeftsstelle-gleichstellungsbericht/index.jsp (aufgesucht am 11.03.2011)

Hagemann-White (1984): Sozialisation: Weiblich-männlich? Opladen

Hagemann-White (1993 a): Das Ziel aus den Augen verloren? In: Zeitschrift für Frauenforschung, 11. Jahrgang, Heft 1 und 2/93, S. 57-63

Hagemann-White, Carol (1993 b): Die Konstrukteure des Geschlechts auf frischer Tat ertappt? Methodische Konsequenzen aus einer theoretischen Einsicht. In: Feministische Studien 2/1993, S. 68-78

Hagemann-White, Carol (2002): Gewalt im Geschlechterverhältnis als Gegenstand sozialwissenschaftlicher Forschung und Theoriebildung: Rückblick, gegenwärtiger Stand, Ausblick. In: Dackweiler, Regina-Maria/Schäfer, Reinhild (Hrsg.): Gewalt-Verhältnisse. Feministische Perspektiven auf Geschlecht und Gewalt. Frankfurt/M., S. 29-52

Hagemann-White, Carol/Kavemann, Barbara/Kootz, Johanna/Weinmann, Ute/Wildt, Carola Christine (1981): Hilfe für mißhandelte Frauen. Abschlußbericht der wissenschaftlichen Begleitung des Modellprojektes Frauenhaus Berlin. Schriftenreihe des Bundesministeriums für Jugend, Familie und Gesundheit. Bonn

Hamburger, Franz (2009): Abschied von der Interkulturellen Pädagogik. Plädoyer für einen Wandel sozialpädagogischer Konzepte. Weinheim und München

Hammerschmidt, Peter (2010): Die bürgerliche Frauenbewegung und die Entwicklung der sozialen Arbeit zum Beruf – Ein Überblick. In: Engelfried, Constance/Voigt-Kehlenbeck (Hrsg.): Gendered Profession. Soziale Arbeit vor neuen Herausforderungen in der zweiten Moderne. Wiesbaden, S. 25-42

Hasenjürgen, Brigitte (2002): Profession und Geschlecht – Entwicklungslinien eines Diskurses in der Sozialen Arbeit. In: KFH NW (Hrsg.) Jahrbuch der Katholischen Fachhochschule Nordrhein-Westfalen 2002 – Jahrbuch für Sozialwesen, Gesundheitswesen und Theologie. Münster. S. 128-149

Hasenjürgen, Brigitte (2009): Kultur, Transkultur, demokratische Kultur. In: Genenger-Stricker, Marianne/Hasenjürgen, Brigitte/Schmidt-Koddenberg, Angelika (Hrsg.): Transkulturelles und interreligiöses Lernhaus der Frauen. Ein Projekt macht Schule. Opladen und Farmington Hills, S. 37-54

Hasenjürgen, Brigitte (2010): Wider die Kulturalisierung. Migration und Kultur als Themen der Neuen Frauenbewegungen. In: Bereswill, Mechthild/Stecklina, Gerd (Hrsg.): a.a.O., S.141-159

Hausen, Karin (1976): Die Polarisierung der „Geschlechtscharaktere" – eine Spiegelung der Dissoziation von Erwerbs- und Familienleben. In: Conze, Werner (Hrsg.): Sozialgeschichte der Familie in der Neuzeit Europas. Stuttgart, S. 363-393

Heidrich, Martin/Rohleder, Christiane (2005): Soziale Arbeit und Häusliche Gewalt. Ein Arbeitsfeld im Umbruch. In: Hasenjürgen, Brigitte/Rohleder, Christiane (Hrsg.) (2005): Geschlecht im sozialen Kontext. Perspektiven für die soziale Arbeit. Opladen, S. 201-233

Heimvolkshochschule Alte Molkerei Frille (1988): Parteiliche Mädchenarbeit und antisexistische Jungenarbeit. Abschlussbericht des Modellprojektes „Was Hänschen nicht lernt ... verändert Clara nimmer mehr!" Petershagen-Frille

Heinrich-Böll-Stiftung und Feministisches Institut (Hrsg.) (1999): Wie weit flog die Tomate? Eine 68erinnen-Gala der Reflexion. Mit einer Einleitung von Halina Bendkowski. Berlin

Hull, Gloria/Scott, Bell/Smith, Barbara (Hrsg.) (1982): All the Women Are White, All the Blacks are Men, but Some of Us are Brave. New York: The Feminist Press

Hurrelmann, Klaus/Kolip, Petra (Hrsg.) (2002): Geschlecht, Gesundheit, Krankheit. Männer und Frauen im Vergleich. Bern, Göttingen, Toronto, Seattle

Jacob, Jutta/Stöver, Heino (Hrsg.) (2006): Sucht und Männlichkeiten. Entwicklungen in Theorie und Praxis der Suchtarbeit. Wiesbaden

Jungnitz, Ludger/Lenz, Hans-Joachim/Puchert, Ralf/Puhe, Henry/Walter, Willi (Hrsg.) (2007): Gewalt gegen Männer. Personale Gewaltwiderfahrnisse von Männern in Deutschland. Opladen und Farmington Hills

Jurinek-Stinner, Angela/Weg, Marianne (1982): Frauen lernen ihre Situation verändern. Was kann Bildungsarbeit dazu beitragen? München, Wien, Baltimore

Kalpaka, Annita (2005): Pädagogische Professionalität in der Kulturalisierungsfalle – Über den Umgang mit ‚Kultur' in Verhältnissen von Differenz und Dominanz. In: Leiprecht, Rudolf/Kerber, Anne (Hrsg.): Schule in der Einwanderungsgesellschaft. Ein Handbuch. Schwalbach/Ts. S. 387-405

Kasiske, Jan/Krabel, Jens/Schädler, Sebastian/Stuve, Olaf (2006): Zur Situation von Männern in „Frauen-Berufen" der Pflege und Erziehung in Deutschland. Eine Überblicksstudie. In: Krabel, Jens/Stuve, Olaf (Hrsg.): Männer in „Frauen-Berufen" der Pflege und Erziehung. Opladen, S. 11-110

Kaufmann, Jean-Claude (2005): Schmutzige Wäsche. Ein ungewöhnlicher Blick auf gewöhnliche Paarbeziehungen. Konstanz

Kavemann, Barbara/Kreyssig, Ulrike (Hrsg.) (2006): Handbuch Kinder und häusliche Gewalt. Wiesbaden

Kavemann, Barbara (2009): Gewalt in Paarbeziehungen. In: Elz, Jutta (Hrsg.): Täterinnen. Befunde, Analysen, Perspektiven. Kriminologie und Praxis (KUP). Schriftenreihe der Kriminologischen Zentralstelle e.V. (KrimZ), Band 58, S. 103-114

Kelle, Helga (2004): Mädchen: Zur Entwicklung der Mädchenforschung. In: Becker, Ruth/Kortendiek, Beate (Hrsg.): a.a.O., S. 360-369

King, Vera/Schwab, Angelika (2000): Flucht und Asylsuche als Entwicklungsbedingungen der Adoleszenz. Ansatzpunkte pädagogischer Begleitung am Beispiel einer Fallgeschichte. In: King, Vera/Müller, Burkhard K. (Hrsg.): Adoleszenz und pädagogische Praxis. Bedeutungen von Geschlecht, Generation und Herkunft in der Jugendarbeit. Freiburg/Breisgau, S. 209-232

King, Vera (2006): Weibliche Adoleszenz und Migration – Bildungs- und Entwicklungsprozesse junger Frauen. In: Nicklas, Hans/Müller, Burkhard/Kordes, Hagen (Hrsg.): Interkulturell denken und handeln. Theoretische Grundlagen und gesellschaftliche Praxis. Frankfurt/New York, S. 141-154

King, Vera (2005): Bildungskarrieren und Männlichkeitsentwürfe bei Adoleszenten aus Migrantenfamilien. In: Vera King, Karin Flaake (Hrsg.): Männliche Adoleszenz. Sozialisation und Bildungsprozesse zwischen Kindheit und Erwachsensein, Frankfurt/M.

King, Vera (2008): Jenseits von Herkunft und Geschlechterungleichheiten? Biographische Vermittlungen von class, gender, ethnicity in Bildungs- und Identitätsbildungsprozessen. In: Klinger, Cornelia/Knapp, Gudrun-Axeli (Hrsg.): ÜberKreuzungen. Fremdheit, Ungleichheit, Differenz. Münster, S. 87-111

Klein, Uta/Schnabel, Jan-Wulf (2007): Männer auf dem Weg aus der Sozialen Arbeit. In: WSI-Mitteilungen 3/2007, S. 138-144

Klinger, Cornelia/Knapp, Gudrun-Axeli/Sauer, Birgit (Hrsg.) (2007): Achsen der Ungleichheit. Zum Verhältnis von Klasse, Geschlecht und Ethnizität

Koher, Frauke/Pühl, Katharina (Hrsg.) (2003): Gewalt und Geschlecht. Konstruktionen, Positionen, Praxen. Opladen

Kohlenberg, Kerstin (2010): „Der Fluch der Bewährung. Der 20-jährige Marco aus Berlin schlägt wahllos und brutal zu, seit Jahren immer wieder. Warum bekommt ihn niemand in den Griff, die Mutter nicht, die Jugendrichter nicht, die Sozialbetreuer nicht?" In: „DIE ZEIT" Nr. 28, 8. Juli 2010, S. 13-15

Koordinationsstelle Männer in Kitas (2011): Aktuelle Zahlen. In: http://www.koordination-maennerinkitas.de/aktuelles/einzelansicht/?tx_ttnews[tt_news]=32&cHash=a7cd5f89, verfügbar am 04.02.11

Koppetsch, Cornelia/Burkart, Günter (1999): Die Illusion der Emanzipation. Zur Wirksamkeit latenter Geschlechtsnormen im Milieuvergleich. Konstanz

Krell, Gertraude (2007) (Hrsg.): Chancengleichheit durch Personalpolitik: Gleichstellung von Frauen und Männern in Unternehmen und Verwaltungen. Wiesbaden

Krüger, Helga (2007): Geschlechterungleichheit verstimmt: Institutionalisierte Ungleichheit in den Verhältnissen gesellschaftlicher Reproduktion. In: Klinger, Cornelia/Knapp, Gudrun-Axeli (Hrsg.): Achsen der Ungleichheit. Zum Verhältnis von Klasse, Geschlecht und Ethnizität, Frankfurt/M., S. 178-192

Krüger-Potratz, Marianne/Lutz, Helma (2004): Gender in der Interkulturellen Pädagogik. In: Glaser, Edith/Klika, Dorle/Prengel, Annedore (Hrsg): a.a.O., S. 436-448

Lang, Susanne (2006): Biographien deutsch-arabischer Jugendlicher: Beobachtungen von Selbst- und Fremdkonstruktionen im Rahmen jugendpolitischer Interventionen der sozialen Stadtentwicklung. In: Bukow, Wolf-Dietrich/Ottersbach, Markus/Tuider, Elisabeth/Yildiz, Erol (Hrsg.): Biographische Konstruktionen im multikulturellen Bildungsprozess. Individuelle Standortsicherung im globalisierten Alltag. Wiesbaden. S. 135-153

Lange, Ralf (2010): Gender Mainstreaming: Stand und Perspektiven in Organisationen der Sozialen Arbeit. In: Engelfried, Constanze/Voigt-Kehlenbeck, Corinna (Hrsg.): Gendered Profession. Soziale Arbeit vor neuen Herausforderungen in der zweiten Moderne, S. 173-192

Leiprecht, Rudolf/Lutz, Helma (2005): Intersektionalität im Klassenzimmer. Ethnizität, Klasse, Geschlecht. In: Leiprecht, R./Kerber, A. (Hrsg.): Schule in der Einwanderungsgesellschaft. Schwalbach/Ts., S. 218-234

Lenz, Karl/Adler, Marina (2010): Geschlechterverhältnisse. Einführung in die sozialwissenschaftliche Geschlechterforschung Band 1, Weinheim und München

Liebsch, Katharina (2006): Identität und Habitus. In: Korte, Hermann/Schäfers, Bernhard (Hrsg.): Einführung in die Hauptbegriffe der Soziologie. Wiesbaden, S. 67-84

Lorber, Judith (1999): Gender-Paradoxien. Opladen

Lutz, Helma/Herrera Vivar, Maria Teresa/Supik, Linda (Hrsg.) (2010): Fokus Intersektionalität. Bewegungen und Verortungen eines vielschichtigen Konzepts. Wiesbaden

Maurer, Susanne (2011): GeschlechterUmOrdnungen in der Sozialen Arbeit? In: Böllert, Karin/Heite, Catrin (Hrsg.): Sozialpolitik als Geschlechterpolitik. Wiesbaden, S. 123-147

Messerschmidt, James W. (2000): Nine Lives. Adolescent Masculinities, the Body, and Violence. Cumnor Hill

Meuser, Michael (2002): „Doing Masculinity" – Zur Geschlechtslogik männlichen Gewalthandelns. In: Dackweiler, Regina-Maria/Schäfer, Reinhild (Hrsg.): Gewalt-Verhältnisse. Feministische Perspektiven auf Geschlecht und Gewalt. Frankfurt/M., S. 53-78

Meuser, Michael (2006): Hegemoniale Männlichkeit – Überlegungen zur Leitkategorie der Men's Studies. In: Aulenbacher, Brigitte u.a. (Hrsg.): FrauenMännerGeschlechterforschung. State of the Art. Münster, S. 160-174

Meuser, Michael/Neusüß, Claudia (Hrsg.) (2004): Gender Mainstreaming. Konzepte-Handlungsfelder-Instrumente. Bonn

Miethe, Ingrid (1999): Frauen in der DDR-Opposition. Lebens- und kollektivgeschichtliche Verläufe in einer Frauenfriedensgruppe. Opladen

Müller, Ursula (2004): Gewalt: Von der Enttabuisierung zur einflussnehmenden Forschung. In: Becker, Ruth/Kortendiek, Beate (Hrsg.) (2004): a.a.O. S. 549-554

Nave-Herz, Rosemarie (1989): Die Geschichte der Frauenbewegung in Deutschland. Hannover

Nestvogel, Renate (2004): Sozialisationstheorien: Traditionslinien, Debatten, Perspektiven. In: Becker, Ruth/Kortendiek, Beate (Hrsg.): a.a.O., S. 153-164

Netzwerk Gender Training (Hrsg.) (2004): Geschlechterverhältnisse bewegen. Erfahrungen mit Gender Training. Königstein/Taunus

Neuber, Anke (2009): Die Demonstration, kein Opfer zu sein. Biographische Fallstudien zu Gewalt und Männlichkeitskonflikten. Interdisziplinäre Beiträge zur kriminologischen Forschung. Baden-Baden

Oestreich, Ilona/Kendel, Friederike (2007): Mütter als Täterinnen. Sexueller Missbrauch und Münchhausen-by-Proxy. In: Gahleitner, Silke Birgitta/Lenz, Hans-Joachim (Hrsg.): Gewalt und Geschlechterverhältnis. Interdisziplinäre und geschlechtersensible Analysen und Perspektiven. Weinheim und München, S. 197-212

Pfeiffer, Christian/Wetzels, Peter (2000): Junge Türken als Täter und Opfer von Gewalt. KfN Forschungsbericht Nr. 81, Hannover

Pizzey, Erin (1978): Schrei leise – Misshandlungen in der Familie, Frankfurt/M.

Pohl, Rolf (2002): Massenvergewaltigung. Zum Verhältnis von Krieg und männlicher Sexualität. In: Mittelweg 36, 11. Jg., Heft 2, S. 53-75

Pohl, Rolf (2011): Männer – das benachteiligte Geschlecht? Weiblichkeitsabwehr und Antifeminismus im Diskurs über die Krise der Männlichkeit. In: Bereswill, Mechthild/Neuber, Anke (Hrsg.): In der Krise? Männlichkeiten im 21. Jahrhundert. Münster, S. 104-135

Rabe-Kleberg, Ursula (1993): Verantwortlichkeit und Macht. Ein Beitrag zum Verhältnis von Geschlecht und Beruf angesichts der Krise traditioneller Frauenberufe. Bielefeld

Rabe-Kleberg, Ursula (1997): Frauen in sozialen Berufen – (k)eine Chance auf Professionalisierung? In: Friebertshäuser, Barbara/Jakob, Gisela/Klees-Möller, Renate (Hrsg.): Sozialpädagogik im Blick der Frauenforschung. Weinheim, S. 59-69

Rabe-Kleberg, Ursula (2003): Gender Mainstreaming und Kindergarten. Weinheim, Basel, Berlin

Riege, Marlo (1996): Frauen in der Sozialen Arbeit. Deutsche, englische und italienische Sozialarbeiterinnen im Vergleich. Mönchengladbach

Rohleder, Christiane (2006): Familie, Geschlechterkonstruktionen und Soziale Arbeit. In: Zander, Margherita u.a. (Hrsg.): a.a.O., S. 291-310

Rohrmann, Tim (2008): Zwei Welten? – Geschlechtertrennung in der Kindheit. Forschung und Praxis im Dialog. Opladen und Farmington Hills

Rohrmann, Tim/Cremers, Michael/Krabel, Jens (2010): Männer in Kitas – welche Bedeutung hat das Geschlecht pädagogischer Fachkräfte? In: ARCHIV für Wissenschaft und Praxis der sozialen Arbeit 2/2010, S. 1-12

Rose, Lotte/Schmauch, Ulrike (Hrsg.) (2005): Jungen – die neuen Verlierer? Auf den Spuren eines öffentlichen Stimmungswechsels. Königstein/Ts.

Sachße, Christoph (1986): Mütterlichkeit als Beruf. Sozialarbeit, Sozialreform und Frauenbewegung 1871-1929. Frankfurt/M.

Sauer, Birgit (2006): Gender und Sex. In: Scherr, Albert (Hrsg.): Soziologische Basics. Eine Einführung für Pädagogen und Pädagoginnen. Wiesbaden, S. 50-55

Scherr, Albert (2010): Männer als Adressatengruppe und Berufstätige in der Sozialen Arbeit. In: Thole, Werner (Hrsg.): a.a.O., S. 559-568

Scheu, Ursula (1977): Wir werden nicht als Mädchen geboren – wir werden dazu gemacht. Zur frühkindlichen Erziehung in unserer Gesellschaft. Frankfurt/M.

Schlüter, Anne (2004): Bildung: Hat Bildung ein Geschlecht? In: Becker, Ruth/Kortendiek, Beate (Hrsg.): a.a.O., S. 577-581

Schmerl, Christiane (1998): Feminismus und (deutsche) Psychologie – Versuch einer Zwischenbilanz. In: Zeitschrift für Politische Psychologie, Jg. 6, 1998, Nr. 3, S. 223-240

Schmidbaur, Marianne (2010): Geschlechterdifferenz, normative Orientierungen, Professionalisierung. „Care"-Themen historischer und neuer Frauenbewegungen. In: Bereswill, Mechthild/Stecklina, Gerd (Hrsg.): a.a.O., S. 19-44

Schüller, Elke (2008): Frauen und Männer sind gleichberechtigt. Die Frauenbewegung in der BRD. In: Bundeszentrale für politische Bildung online http://www.bpb.de/themen/UPBSNJ,0,0,Frauen_und_M%E4nner_sind_gleichberechtigt.html, verfügbar am 03.01.2011

Schultz, Dagmar (1991): Das Geschlecht läuft immer mit ... Die Arbeitswelt von Professorinnen und Professoren. Pfaffenweiler

Schunter-Kleemann, Susanne (2003): Was ist neoliberal am Gender Mainstreaming? In: Widersprüche 44, S. 19-33

Simmel-Joachim, Monika/Schäfer, Reinhild (2005): Frauenstudien zur Sozialen Arbeit. Wie genderbezogenes Wissen in die berufliche Praxis Eingang finden kann. Königstein/Ts.

Solga, Heike/Dombrowski, Rosine (2009): Soziale Ungleichheiten in schulischer und außerschulischer Bildung. Stand der Forschung und Forschungsbedarf. Arbeitspapier 171, Hans-Böckler-Stiftung, Düsseldorf

Spindler, Susanne (2007): Im Netz hegemonialer Männlichkeit: Männlichkeitskonstruktionen junger Migranten. In: Bereswill, Mechthild/Meuser, Michael/ Scholz, Sylka (Hrsg.): a.a.O., S. 119-135

Statistisches Bundesamt (2010): Frauenanteil in Professorenschaft steigt weiter auf über 18%, Pressemitteilung Nr.235 vom 06.07.2010 In: http://www.destatis.de/jetspeed/portal/cms/Sites/destatis/Internet/DE/Presse/pm/2010/07/PD10__235__213,templateId=renderPrint.psml (verfügbar am 23.07.2010)

Stauder, Barbara (1999): Starke Mädchen – kein Problem? In: beiträge zur feministischen theorie und praxis 51/99, S. 53-64

Stiegler, Barbara (2008): „Heute schon gegendert?" Gender Mainstreaming als Herausforderung für die Soziale Arbeit. In: Böllert, Karin/Karsunky, Silke (Hrsg.): Genderkompetenz in der Sozialen Arbeit. Wiesbaden, S. 19-28

Stövesand, Sabine (2007): Mit Sicherheit Sozialarbeit! Gemeinwesenarbeit als innovatives Konzept zum Abbau von Gewalt im Geschlechterverhältnis unter den Bedingungen neoliberaler Gouvernementalität. Münster, Hamburg

Teubner, Ulrike (2004): Beruf: Vom Frauenberuf zur Geschlechterkonstruktion im Berufssystem. In: Becker, Ruth/Kortendiek, Beate (Hrsg.): a.a.O., S. 429-436

Thole, Werner (Hrsg.) (2010): Grundriss Soziale Arbeit. Ein einführendes Handbuch. 3., überarbeitete und erweiterte Auflage, Wiesbaden

Toppe, Sabine (2009): Rabenmütter, Suppermuttis, abwesende Väter – Familien(leit)bilder und Geschlechtertypisierungen im Kinderarmutsdiskurs in Deutschland. In: Villa, Paula/Thiessen, Barbara (Hrsg.): Mütter – Väter: Diskurse, Medien, Praxen. Münster, S. 107-123

Vahsen, Friedhelm G./Tan, Dursun (2010): Migration, Interkulturelle Pädagogik und Soziale Arbeit. In: Thole, Werner (Hrsg.): a.a.O., S. 569-579

Villa, Paula (2004): (De-)Konstruktion und Diskurs-Genealogie: Zur Position und Rezeption von Judith Butler. In: Becker, Ruth/Kortendiek, Beate (Hrsg.): a.a.O., S. 141-152

Wedgewood, Nikki/Connell, Robert W. (2004): Männlichkeitsforschung: Männer und Männlichkeit im internationalen Forschungskontext. In: Becker, Ruth/Kortendiek, Beate (Hrsg.): a.a.O. S. 112-121

Welsch, Wolfgang (2009): Was ist eigentlich Transkulturalität? (In: Hochschule als transkultureller Raum? Beiträge zu Kultur, Bildung und Differenz, hrsg.

v. Lucyna Darowska u. Claudia Machold (transcript-Verlag, 2009) Pdf – download In: http://www2.uni-jena.de/welsch (verfügbar am 10.01.11)
Wendt, Wolf Rainer (2010): Helfertraining und Akademisierung – Grundlinien der Ausbildungsgeschichte. In: Thole, Werner (Hrsg.): a.a.O., S. 1027-1044
Wens, Margret (2004): Ein Thema in Bewegung. Von Frauenseminaren zum Gendermodul. In: Standpunkt: Sozial. Hamburger Forum für Soziale Arbeit, Heft 2/2004, S. 56-58
Werthmanns-Reppekus, Ulrike (2008): Genderkompetenz in der Kinder- und Jugendhilfe: Lebenslage Geschlecht? In: Böllert, Karin/Karunsky, Silke (Hrsg.): Genderkompetenz in der Sozialen Arbeit. Wiesbaden, S. 101-120
West, Candace/Zimmerman, Don H. (1987): Doing Gender In: Gender & Society. Heft 2/1, S. 125-151
Wetterer, Angelika (2002): Arbeitsteilung und Geschlechterkonstruktionen: Gender at work in theoretischer und historischer Perspektive. Konstanz.
Wetterer, Angelika (2005): Gleichstellungspolitik und Geschlechterwissen – Facetten schwieriger Vermittlungen. In: Vogel, Ulrike (Hrsg.): Was ist weiblich – was ist männlich? Aktuelles zur Geschlechterforschung in den Sozialwissenschaften. Bielefeld, S. 48-70
Wetterer, Angelika (2009): Arbeitsteilung & Geschlechterkonstruktion – Eine theoriegeschichtliche Rekonstruktion. In: Aulenbacher, Brigitte/Wetterer, Angelika (Hrsg.): Arbeit. Perspektiven und Diagnosen der Geschlechterforschung. Münster, S. 42-63
Williams, Christine (1992): The Glass Escalator: Hidden Advantages for Men in the ‚Female‘ Professions. In: Social Problems 3/1992, S. 253-267
Winter, Reinhard (2004): Jungen: Reduzierte Problemperspektive und unterschlagene Potentiale. In: Becker, Ruth/Kortendiek, Beate (Hrsg.): a.a.O., S. 353-359
Wittmann, Svendy (2004): Mädchen und Gewalt: Forschungsbefunde, Jugendhilfekonzepte und Forschungsbedarf. In: Bruhns, Kirsten (Hrsg.): Geschlechterforschung in der Kinder- und Jugendhilfe. Praxisstand und Forschungsperspektiven. Wiesbaden, S. 259-277
World Migration Report (2005): International Organization for Migration, Genf
Zander, Margherita/Hartwig, Luise/Jansen, Irma (Hrsg.) (2006): Geschlecht Nebensache? Zur Aktualität einer Gender-Perspektive in der Sozialen Arbeit. Wiesbaden
Züchner, Ivo/Cloos, Peter (2010): Das Personal in der Sozialen Arbeit. Größe und Zusammensetzung eines schwer zu vermessenden Feldes. In: Thole, Werner (Hrsg.): a.a.O., S. 933-954